体育科授業サポートBOOKS

10分で運動能力を高める！

体つくり運動ベスト100

岩手体育学習会 著

明治図書

まえがき

「体つくり運動」は，小学校第１学年から高等学校第３学年まで，すべての学年で学習することになっている唯一の領域です。

それでは，学校現場では充実した楽しい「体つくり運動」が行われているのでしょうか。

どうもそうではないらしいのです。

様々な書籍や指導資料が出されていますが，そのほとんどが運動例を細切れに示してあり，45～50分の授業を組み立てるのは，授業担当者に任されています。

中学校・高等学校の保健体育担当の教師にとってそれは簡単なことかもしれませんが，体育を特別に研究していない一般の小学校教諭にとって，体つくり運動の単元実施は，かなり難しいことです。

料理に例えると，いい素材は提供されているのですが，子どもたちに美味しく食べてもらえるように，どういう味つけをしてどう調理したらよいかがわからない状況です。

そこで，本書では，ねらい別（指導事項・領域別）・学年別に運動を示し，子どもが興味・関心をもって10～15分で楽しく体つくり運動ができるように，競争や偶然性・ゲーム性を入れて構成してみました。

言ってみれば，子どもたちが食べやすいように，完成された調理品としての教材提供です。ただし，お好みによって塩・胡椒が必要なときには，学級の子どもたちの実態に合わせて修正しながら行ってほしいと思います。

平成29年版学習指導要領において，「体の柔らかさを高めるための運動」は，高学年に示されている内容ですが，低・中学年では扱わなくてもよいとは思いません。高学年になり，硬くなってしまった体を柔らかくするのは困難だからです。低・中学年で多様な動きをつくる運動（遊び）をしていくなかでも，体の柔らかさを高めるという視点をもって運動することは大切なことだと思います。同様に，「巧みな動きを高めるための運動」「動きを持続する能力を高めるための運動」についても，低・中学年のものを示してみました。しかし，各学年の区別は，一般的に考えた発達段階によるものです。子どもの実態によっては，高学年といえども低・中学年のものから始めた方がよいという場合もあります。各学年の表示については，柔軟に考えていただきたいと思います。

食べる順番は，順不同です。お好きなものから，どうぞ召し上がれ。

2018年９月

岩手体育学習会
盛島　寛

本書の使い方

■目次の分類について

基本的には学習指導要領の領域名を踏襲したものにしています。低学年の体ほぐしの運動遊び，中・高学年の体ほぐしの運動は，１にまとめました。低・中学年の「多様な動きをつくる運動（遊び）」については，２～５に示しましたが，５は高学年の「力強い動きを高めるための運動」も含めてまとめました。中学年の「基本的な動きを組み合わせる運動」は，６に示しましたが，高学年でも扱ってほしい組み合わせの運動も加えました。高学年の体の動きを高める運動は，７～９に示しましたが，低・中学年でも扱ってほしい運動も加えました。10では２～９までの運動（遊び）を総合的に行い体力向上を図る運動を低・中・高学年ごとに示しています。

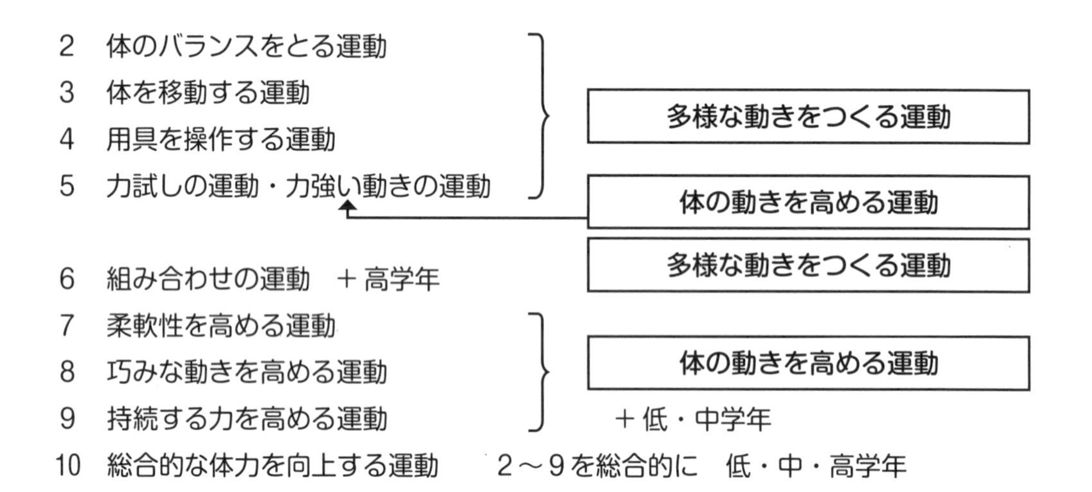

■体つくり運動の授業づくり

本書では10～15分でできる運動を集めています。低・中・高学年のどの発達段階の子どもに適した運動かを示していますが，学級の実態によっては高学年でも低・中学年の内容から始めた方がよい場合があると思います。各学年の表示については，学級の子どもの実態に応じて柔軟に対応していただきたいと考えています。体つくり運動では，ねらいが大事です。まず，どんなねらいで行う運動かを確認し，そのねらいが達成できたかを振り返り，評価しながら「体つくり運動」の授業づくりを進めていきましょう。

低・中・高学年のどの発達段階の子どもに適した運動かを示しているほか，運動を選ぶ際に気になる活動場所，人数，運動のねらい，準備物をまとめて掲載しています。

場所 体育館　人数 グループ

体ほぐし　低学年

体ほぐし　低学年

わくわく　わくぐり

ねらい　全身を使うことで柔軟性を養うとともに，仲間と一緒に運動することを楽しむ。

準備物 フープ

運動の手順

❶5～8人でグループをつくります。

❷スタートの子が片方の腕にフープを通し，手をつないで円になります。手を離さないように気をつけながらフープを次の人へ渡していきます。

＊最初は，なんとか手で動かそうとしますが，足でまたいだり体を揺らしたりするとスムーズに送れることを徐々につかませていきます。

❸フープがグループを一周したらおしまいとします。

＊フープの大きさによって難易度を変えることができます。大きい輪の方がくぐりやすいので難易度は低くなります。時間制限を加えて，「爆弾ゲーム」のようにするのもおもしろいでしょう。

練習時は輪にこだわらず楽しんで行いましょう。

手をつないだ友達と同調していくところにおもしろさがあります。

10

運動の手順とその様子をパッと見てわかるように，ビジュアルに紹介しています。まずは，この運動の手順通りに進めてください。
やっていくなかで，児童の実態に合わなかったり，修正した方が成果が上がる場合には，実態に合わせて修正して行ってください。

CONTENTS

体ほぐしの運動

体のバランスをとる運動

体を移動する運動

用具を操作する運動

力試しの運動・力強い動きの運動

組み合わせの運動

柔軟性を高める運動

巧みな動きを高める運動

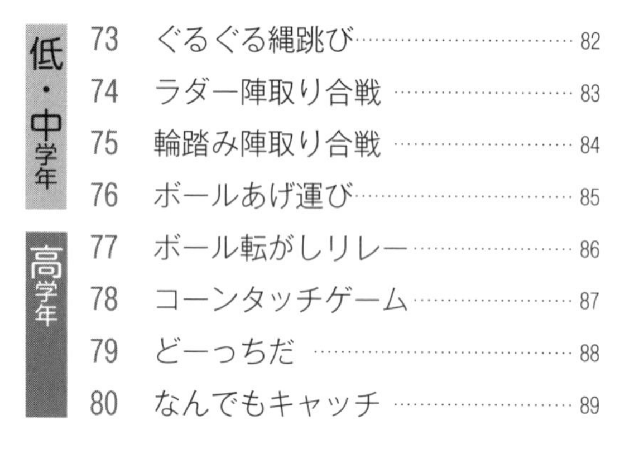

持続する力を高める運動

総合的な体力を向上する運動

10min

10分で運動能力を高める！

体つくり運動ベスト100

 場所 体育館 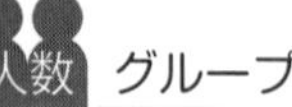 人数 グループ

1 体ほぐし 低学年

わくわく　わくぐり

ねらい
全身を使うことで柔軟性を養うとともに，仲間と一緒に運動することを楽しむ。

準備物 ▶ フープ

運動の手順

❶５～８人でグループをつくります。

❷スタートの子が片方の腕にフープを通し，手をつないで円になります。手を離さないように気をつけながらフープを次の人へ渡していきます。

＊最初は，なんとか手で動かそうとしますが，足でまたいだり体を揺らしたりするとスムーズに送れることを徐々につかませていきます。

❸フープがグループを一周したらおしまいとします。

＊フープの大きさによって難易度を変えることができます。大きい輪の方がくぐりやすいので難易度は低くなります。時間制限を加えて，「爆弾ゲーム」のようにするのもおもしろいでしょう。

練習時は輪にこだわらず楽しんで行いましょう。

手をつないだ友達と同調していくところにおもしろさがあります。

場所 校庭・運動場／体育館　人数 グループ

体ほぐし　低学年

2 だるまさんが○○

ねらい 仲間と一緒に運動することを楽しむとともに多様な動きを体験させる。

準備物 ▶ なし

運動の手順

❶５人でグループをつくり，鬼を１人決めます。何回行うかも決めておきます。
❷「だるまさんが転んだ」と同様に，鬼と子が配置につきます。
❸鬼は「だるまさんが○○した」と声をかけます。○○には好きな動きを入れます。
❹子は鬼が指定した動きをします。
　＊あまり厳密に動きの成否を見ないようにします。表現することをみんなで楽しむ雰囲気づくりをしましょう。
　＊集団で協力して１つの動きをする「みんなで○○した」などを入れると，集団で即興の表現をして楽しむことができます。
❺あらかじめ決めておいた回数が終わったら，次の鬼と交代します。

１人でする動きから
集団で協力する動きまで
アレンジして
楽しむことができます。

場所　校庭・運動場／体育館　人数　全員

3 ライン鬼ごっこ

体ほぐし　低学年

ねらい　俊敏性と判断力を養うとともに，仲間と一緒に運動することを楽しむ。

準備物▶なし

運動の手順

❶鬼を決めます。

＊子どもたちの状況に応じて，鬼の数を増やすとより難易度が上がります。

❷鬼も子も，線の上だけを走ります。

❸タッチされた子は鬼になります。どんどん鬼が増えていき最後まで残った子が勝ちです。

＊制限時間（30秒～１分）を加える，走れるラインの色を指定する，また，鬼はどこを走ってもよいこととするなど，ルールにアレンジを加えるとより楽しいゲームになります。

タッチされた子は，
鬼の目印として帽子を裏返します。

どこを走れば逃げられるか，あるいは，タッチできるかなど，状況に応じて判断して動く力がつきます。

場所 校庭・運動場／体育館  人数 グループ

体ほぐし 低学年

4 むかで鬼ごっこ

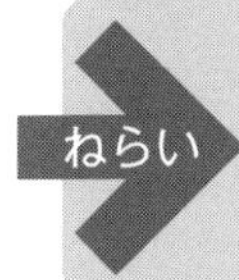

ねらい 俊敏性を養うとともに，仲間と一緒に運動することを楽しむ。

準備物 なし

運動の手順

❶鬼を１人決めます。

❷子４人が肩に手を置いて列をつくります。

❸鬼は子の列と向かい合ってスタートし，一番後ろの子にタッチしたら勝ちになります。

❹子の手が肩から離れ，列が維持できなくなっても鬼の勝ちになります。

❺制限時間内（20秒程度）にタッチされなければ子の勝ちになります。

＊先頭の子が鬼を手でつかんだり押さえつけたりしないように注意しておきます。

＊子の人数によって難易度を変えることもできます。子の列を長くすればするほど手が肩から離れやすく，列を維持するのが難しくなります。

後ろの子がタッチされないようにみんなで逃げます。

一番後ろに並んでいる子にタッチをします。

場所 校庭・運動場／体育館　人数 全員

5 ハンターゲーム

体ほぐし　低学年

ねらい　仲間と一緒に運動することを楽しむ。

準備物 なし

運動の手順

❶鬼を１人決め，残りの子は３人ずつのグループに分かれます。

❷３人のうち２人が「木」になり，両手をつないで輪をつくります。残りの１人が「リス」になり，輪の中に入ります。

＊全体の人数が３の倍数の場合は，教師が最初の鬼になります。２人余る場合には，どこか１つのグループの木を３人にして４人のグループをつくるとゲームが成立します。

❸鬼は真ん中で「猟師が来た！」「木こりが来た！」「嵐が来た！」から１つを選んで大声で叫びます。

❹「猟師が来た」ら，リスの子は今までいた木から出て，別の木に移ります。

❺「木こりが来た」ら，木の子はリスのもとを離れてバラバラになり，別の子と別のリスの周りに木をつくります。

❻「嵐が来た」ら，全員がバラバラになり，３人で木とリスのグループをつくります。

❼鬼は叫んだら，すかさずどこかのグループに入ります。すべてのグループができあがると必ず１人余るので，次の鬼になります。

鬼役の指示をよく聞いて次に備えます。

リスは空いている木を素早く探します。空いている木はリスを呼びます。

場所　体育館　　人数　ペア

6　体ほぐし　中学年
ねことねずみ

ねらい　友達と楽しみながら，お互いの体の反応を確かめる。

準備物 ▶ なし

運動の手順

❶ペアをつくります。
❷ペアのなかでねことねずみの役を決めます。
❸体育館の中心線を基準にし，ねことねずみの列に分かれ，背中合わせになってペアで座ります。
❹教師が「ね，ね，ね…ねこ！」と言ったら，ねずみが逃げてねこが追いかけます。
❺ねこにタッチされずに体育館の壁まで到達できたらねずみの勝ちです。
　壁に到達する前にねずみにタッチできたらねこの勝ちです。
　＊「ね，ね，ね…ねずみ！」の場合は反対になります。
❻１回終わるごとに元のペアに戻ります。
❼３回勝負をして勝った人負けた人が向かい合った状態でお互い１つずつ右にずれます。
　＊スタートの姿勢を向き合ったり寝そべったりなどと変えることで，さらにお互いの反応を楽しむことができます。

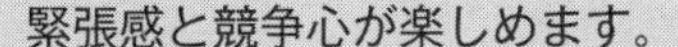

緊張感と競争心が楽しめます。

7 体ほぐし　中学年
みんなでまねっこ

ねらい グループで協力し楽しむことで，心と体をほぐす。

準備物▶なし

運動の手順

❶８人でグループをつくります。
❷グループのなかから指令役を決めます。
❸グループで指令役がした動きのまねをします。
＊みんなが楽しんでできるような指令を出すことにします。
❹３～４回まねをしたら指令役を交代します。
❺全員の体がほぐれてきたら，チーム全員で１つの指令を表現してみましょう。
＊１人１人ではなく，チーム全員で協力して表現します。花が咲いた，ピラミッドなど。

みんなで表現することで心がほぐれ，笑顔で運動することができます。

リーダーのまねっこ！
今度は手を伸ばして飛んでみよう！

体ほぐし　中学年

8 新聞紙にあつまれ～

ねらい 友達と協力して限られたスペースに入れるようにする。

準備物 ▶ 新聞紙

運動の手順

❶４人でグループをつくります。

❷１枚の新聞紙を用意し，その上にグループ全員が乗ります。

❸全員が乗れたら，新聞紙を半分に折って繰り返し挑戦します。

＊新聞は成功するごとに半分に折ってどんどん小さくしていきます。

＊全員必ず足を新聞につける，友達に乗ったりおぶったりしてもよいなどとルールを変えることで楽しみ方が変化します。

＊乗れるまで何度も挑戦したり，勝ち抜きにしたりすることでゲーム性が増します。

❹４人グループでの挑戦がすべて成功したらグループを合体して８人グループで挑戦します。

体育館　人数　ペア

体ほぐし　中学年

9 次はどっち？

ねらい　体の可動域を広げるとともに，友達との交流を楽しむ。

準備物　フープやマット等の目印になるもの

運動の手順

❶ペアをつくります。ペアごとにフープを４つずつ配ります。
❷ペアごとに指令役を決めます。指令役は無理のない範囲で４つのフープを好きな場所に置きます。
❸指令役は右手をどのフープにつくか指令を出します。
❹指令を出された子は，右手を指定されたフープの中につきます。
❺左手，右足，左足も同じように指令を出します。
＊無理のない範囲で体をつけてもよいことにします。
❻右手・左手・右足・左足と指令を出し終えたら交代します。
＊おでこや膝などと体の部位を変えたり指令を増やしたりして楽しみましょう。

簡単に届く場所から徐々に遠くへ広げていきます。

肩を入れてひねったりおでこをつけたりして楽しめます。

場所　校庭・運動場／体育館　人数　グループ

体ほぐし　中学年

ふくろバレー

ねらい　グループで協力し楽しむことで，心と体をほぐす。

準備物　ビニール袋

運動の手順

❶８人でグループをつくります。
❷グループごとに空気を入れて結んだ袋を１つ用意します。
❸手をつないで輪になります。
❹手をつないだまま袋を落とさないように打ち上げます。
　＊使っていいのは上半身のみとします。ヘディングは可。
❺制限時間内（２分程度）に落とさないで何回打ち上げられるかを競います。
　＊落としたときも続けて数えるルールにしてもいいです。
　＊手をつないだ状態であれば，袋に合わせて動き回ってもよいことにします。
　＊風船や軽いボールを使ってもよいでしょう。

手をつないで実施することで一体感が高まります。
袋は軽く，不規則な動きをするため運動量も確保できます。

場所　体育館　人数　グループ

11 体ほぐし　高学年
ゴムゴムリレー

ねらい　手をつなぎ，伸びたり縮んだりしながら，相手と心を合わせて動くことができる。

準備物 ▶ コーン

運動の手順

❶８～10人でグループをつくります。
❷２つのグループが横一列に並び，グループごとに手をつなぎます。
❸内側にコーンを置きます。
❹内側の子からスタートをします。残りの子は列をつめます。
❺下図のように一周してスタート位置に戻ったら，次の子にタッチして交代します。
　＊同じグループの子が来た場合は，縮めて走る距離を短くすることができます。
　＊相手グループの子が来た場合は，伸びて走る距離を長くすることができます。
　＊手が離れた場合は，その隙間を通ることができます。
❻走り終わった子はグループの一番外側に並びます。
❼リレー形式で行い，全員が走り終えたグループの勝ちです。

同じグループの子が来たとき

相手グループの子が来たとき

12 体ほぐし 高学年 ○○に大変身

ねらい 対象物になりきって体を大きく動かす。友達のおもしろい動きを認め合う。

準備物 ▶ 新聞紙

運動の手順

❶４人でグループをつくります。
❷グループごとに新聞紙を１枚配ります。
❸リーダーが新聞紙を持ち，残りの子と向かい合わせになります。
❹リーダーの新聞紙の動きと同じような動きを自分の体で表現します。新聞紙を斜めにしたら体を斜めにする，新聞紙を半分に折ったら体を折り曲げる，新聞紙をくしゃくしゃにしたら体をくしゃくしゃにする，など。
❺リーダーを交代しながら，みんなでおもしろい動きを認め合いましょう。

＊リラックスし，安心して体を動かせるような雰囲気づくりを行うと多様な動きが引き出せます。
＊おもしろい動きを教師が認め，広めていくことが大切です。
＊リーダーの「ストップ」「彫刻」などの合言葉で動きを止めさせ，腕や足などを動かしておもしろい動きに変えると盛りあがります。
＊新聞紙の他にも，ボール，ペットボトル，ダンボール，ビニール袋などのものに変えると多様な動きが引き出せます。

13 ジャンボールドッジ

体ほぐし　高学年

全身を使って投げることで，体を温めたりほぐしたりする。

準備物 ▶ G ボール

運動の手順

❶２つのグループに等分に分かれます。

❷ドッジボールの要領で G ボールを投げ合います。

❸細かなルールは決めずに制限時間内（３分程度）で投げ合います。

＊ G ボールが顔にあたることがあるので，眼鏡をかけている子には十分に注意させます。

＊ラインは必要ありません。ダイナミックに運動させましょう。

＊ G ボールは大きく重量があるので，細かな指導をしなくても，全身を使った運動が引き出せます。

全身を使って投げると，自然と体も温まってくるね。

ナイスキャッチ。お互いに声が飛び交い，笑顔があふれるね。

場所 体育館　人数 グループ

14 体ほぐし 高学年 アーティスティック・ジャンピング

ねらい まとまって前後左右にジャンプし，仲間と心を合わせて運動するよさを感じる。

準備物▶なし

運動の手順

❶クラスを等分に分けてグループをつくります。

❷一列になって，前の人の肩につかまります。

❸「前・後ろ」「右・左」などの声に合わせ，グループ全員でその方向へ一勢にジャンプします。

❹慣れてきたら，「前・後ろ」「右・左」などを組み合わせて行います。前・後ろ・右・左（これで元の位置に戻ります）など。

＊ジャンプの順番を全体で決めたり，グループの特徴に合わせてジャンプを工夫したりなど，心を合わせて表現しましょう。

❺決めポーズで演技を終えましょう。

＊アーティスティック・スイミングのように入場から行うと盛りあがります。

＊ブレインストーミングの要領でお互いの表現のよさを見て，認め合いましょう。

場所 校庭・運動場／体育館　人数 グループ

15 体ほぐし 高学年 田んぼ鬼ごっこ

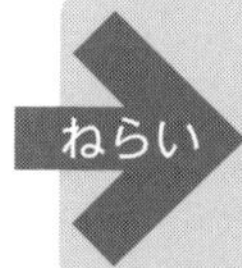

ねらい　全力で追いかけたり，タッチしたりしながら仲間と楽しく運動する。

準備物　ラインテープやマーカー等の目印となるもの

運動の手順

❶校庭にラインを「田」の字になるように書きます。
　＊体育館の場合は，ラインテープやマーカーを使うとよいでしょう。
❷逃げるグループと鬼のグループに分かれます。
❸鬼のグループは，黒い部分を移動して逃げるグループの子にタッチして捕まえます。
❹逃げるグループは，白い部分だけを移動します。
　＊白い部分は，黒い部分のどこからでも手が届く距離だと盛りあがります。
❺タッチされたら鬼を交代します。
　＊グループ対抗にして捕まった人数が少ない方が勝ちなどにすると，運動量がさらに増えます。

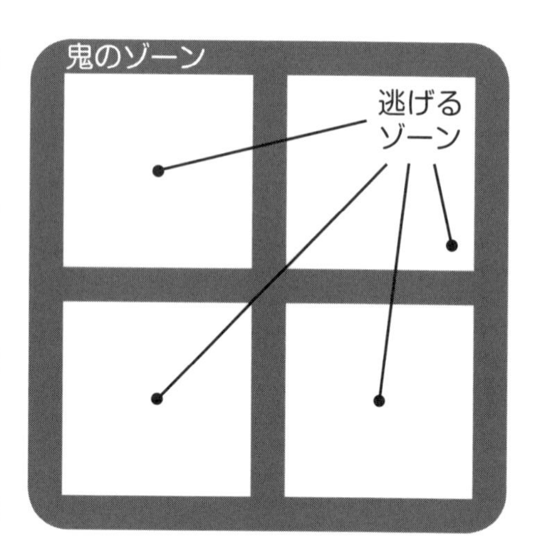

場所 校庭・運動場／体育館　人数 ペア

16 ライン綱渡り

バランス　低学年

ねらい　体幹の締め感覚や重心移動感覚を養い，バランスのよい動きを身につける。

準備物 なし

運動の手順

❶ペアをつくり，ライン上に並びます。

❷教師のスタートの合図で，左側の人は右側に，右側の人は左側に入れ替わります。

＊入れ替わるときは，自分も相手もライン上だけを移動します。

＊自分だけでバランスをとったり互いに引っ張り合ったりするなど，バランス調整をしながら移動することを伝えます。

＊途中でラインからはみ出てしまったら，素早くラインを踏み直しするように伝えます。

❸入れ替わりが完了できたらクリアとなります。

＊制限時間（１分程度）を設けるとさらに盛りあがります。

相手を押さえたりまたいだりしながら，ライン上で左右の入れ替わりを行っています。

場所 校庭・運動場／体育館　人数 全員

バランス　低学年

17 トントンジャンプ

ねらい　体幹の締め感覚や回転感覚，体のバランスをとる動きを身につける。

準備物▶リズム太鼓

運動の手順

❶周りとぶつからないように広がります。

❷太鼓をたたく回数に応じて体を回転させます。

❸太鼓のたたく回数と回転数が合えば成功となります。

＊１回：１/４回転，２回：１/２回転，３回：３/４回転，４回：１回転と伝え，練習します。

＊慣れてきたら，太鼓のたたく回数をランダムにしていきます。

❹最後まで残った子が勝ちです。

＊間違った子はコート外に出ます。コート外でも続けるよう伝えます。

❺左回転でも同様に行います。

❻太鼓のたたく場所で「右回転」「左回転」を区別させるなどと難易度を上げて行います。

＊「トン→右回転」「カン（ふちをたたいた音）→左回転」と伝えます。

「トン・トン・トン・トン」
→１回転に挑戦！

１回転できるように，はずみをつけてジャンプをしています。

太鼓のたたく回数を聞いた後に，すばやくジャンプをしながら必要な回転数分回ります。

場所 校庭･運動場／体育館  人数 1人／グループ

18 バランス 低学年 かかし

ねらい 体幹の締め感覚や体のバランスをとる動きを身につける。

準備物 ▶ リズム太鼓（ホイッスル代用可）

運動の手順

❶周りとぶつからないように広がり，目を閉じます。
❷太鼓の「ドン」という合図で，両腕をピンと水平に伸ばします。合図は教師が出します。
❸太鼓のふちを10回たたき終えるまで，そのままの状態を保ちます。
❹２回目の「ドン」という合図で，❷の姿勢に加えて片足を上げて静止します。
❺太鼓のふちを10回たたき終えるまで，そのままの状態を保ちます。
❻３回目の「ドン」という合図で，足を入れ替えて静止します。
❼太鼓のふちを10回たたき終えるまで，そのままの状態を保ちます。

＊「オリジナルかかし」と銘打って，自分なりのかかしでバランスを保つ活動もできます。
＊グループで手をつなぐ「集団かかし」は，一体感を感じながらの取り組みになります。
＊目を閉じて行うことに抵抗がある場合は，目を開いたままでもよいことを伝えます。

手をつなぎながらの「集団かかし」。お互い支え合いながら静止することで，一体感を感じられます。

太鼓の音を聞きながら，それぞれが「かかし」になりきって静止します。

19 バランス 低学年
丸太跳び越え

ねらい
回転感覚や体の締め感覚，動き出しのタイミングを身につける。

準備物▶マット

運動の手順

❶ペアをつくります。転がり技を分担します。
❷マットの両端に分かれます。
❸先に丸太転がりの子がスタートし，マット上を回転して行きます。
❹前転がりの子は，丸太転がりの子を跳び越しながら前転がりをします。
　＊マット上をゆっくりと歩いて進み，丸太転がりの動きに合わせて前転がりをします。
　＊一度跳び越したら，マットの反対側までゆっくりと歩いて進みます。
　＊跳び越すタイミングがつかめない場合は，丸太転がりの子の回転スピードを遅くします。
　＊前転がりを怖がる子には，丸太が転がっていない状態で前転がりすることから始めます。
❺跳び越せたら，転がり技を交代します。到着した端からスタートしましょう。
　＊制限時間内（1分程度）で何回できるかに挑戦するとさらに盛りあがります。

丸太転がりの子が転がってくるタイミングに合わせて，
跳び越え→前転がりをします。

場所 体育館　人数 ペア／グループ

20 バランス 低学年 ゆりかごじゃんけん

ねらい　回転・振動・体幹の締め感覚や体のバランスをとる動きを身につける。

準備物▶マット

運動の手順

❶２～３人でグループをつくり，向かい合うようにマット端にしゃがみます。
　＊両手をすね付近で組んで膝を抱えこむように伝えます。

❷「ゆりかご　じゃんけん　じゃんけん　ぽん！」のかけ声に合わせてじゃんけんします。
　＊「ゆりかご」（後ろ）→「じゃんけん」（前）→「じゃんけん」（後ろ）→「ぽん！」（立ち上がってじゃんけん）という流れで行います。
　＊じゃんけんは一度きりです。勝負がついた場合はグータッチをし，あいこの場合は「イエーイ！」と言いながらハイタッチをすると，仲間意識もより深められます。

❸同じグループで３回繰り返します。

❹グループをつくり直し❶～❸を行います。

ゆりかごをした後に，立ち上がってじゃんけんをします。

場所 校庭・運動場／体育館　人数 グループ

21 ケンケン宝とり

バランス　中学年

ねらい　片足で前後左右に素早く移動する運動を通して，バランス感覚を身につける。

準備物▶玉入れ用の玉

運動の手順

❶5～6人でグループをつくり，冒険者と鬼のグループを決めます。
❷冒険者は，タッチされないように鬼をよけながらケンケンで宝エリアを目指します。鬼もケンケンで冒険者を追いかけ，タッチできたら片足体じゃんけんで勝負します。
❸冒険者が勝ったらそのまま宝エリアを目指し，負けたらコートの外に出て冒険者陣地からやり直します。鬼は勝っても負けても他の冒険者を目指してケンケンで追いかけます。
❹宝エリアに入ったら，宝を1個取って陣地へ置きに戻り，またケンケンで始めます。
　＊宝は玉入れ用の玉などを使用します。
　＊宝エリア内と宝を持っているときは走ることができます。
❺制限時間内（1～2分）で冒険者と鬼を交代します。
❻宝を何個取れたかを競います。

左から，グー，チョキ，パー

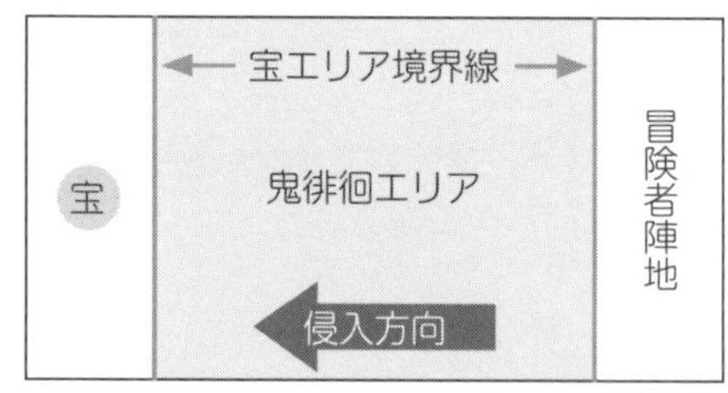

場所 校庭･運動場／体育館　人数 ペア／グループ

22 せーのでパッ！

バランス　中学年

ねらい お互いに力を加減し，両腕でバランスをとりながら立つ。

準備物 なし

運動の手順

❶ペアをつくったら向かい合って体育座りをし，両手をつなぎます。
　＊最初は一足長ほど間をおいて始めましょう。
❷「せーの！」の声に合わせて，お互いに手を引っ張り合いながら立ちます。
　＊徐々に同時に立てるようにします。
❸同時に立てたら，２人の間を縮めながらチャレンジします。
❹できるようになってきたら，人数を３人に増やしてチャレンジします。
　＊お互いの様子を見ながら，引っ張り具合を調整します。
　＊だんだんとグループ人数を増やしてチャレンジします。
　＊成功したら，みんなでハイタッチをして喜び合います。

3人でも

4人でも

慣れてくると，お互いの引っ張り具合が均衡するようになり，人数が増えてもバランスをとれるようになります。

場所　校庭・運動場／体育館

人数　グループ

23 バランス　中学年　助けてー！

ねらい　バランスをとりながらお互いに協力してすれ違うことで，バランス感覚を養う。

準備物▶平均台

運動の手順

❶5～6人でグループをつくります。2つのグループ（赤・白）で戦います。
❷赤チームが平均台に上がります。
❸白チームの1人（A）が平均台の端の下に，その他の白チーム（B）は反対側に立ちます。
❹Aが「助けてー！」と言ったら，Bの1人が平均台に上がって助けに行きます。
　*平均台に上がったBは赤チームをよけながらAを助けに行きます。
　*両チームは協力するようにします。
　*地面に触れなければ，どんな体勢でも，お互いの体が接触しても構いません。
　*途中で落ちたら，落ちたところから平均台に上がり，残りを進みます。
❺Bが赤チーム1人とすれ違ったら，Bの次の人がスタートします。
❻BがAのところまで辿り着いたらハイタッチをして救助成功です。
❼辿り着いたBがAの役になり，AはBの列の最後尾に並びます。
❽B全員がAの役割を終えたら，赤チームと白チームの役割を交代します。

体を合わせて位置を入れ替えたり，越しやすいように体勢を工夫したりして進みます。

場所　校庭･運動場／体育館　人数　ペア／グループ

24 ケンケン相撲

バランス　中学年

ねらい

相手とぶつかり，体勢が不安定になっても元の体勢に戻るバランス感覚を養う。

準備物　フープやロープ等の土俵になるもの

運動の手順

❶2つのグループに分かれ，赤チームと白チームでペアをつくりフープの中に入ります。
❷お互い片足を上げて，腕を胸の前で組みます。
❸「はっけよい，のこった！」の合図とともに体をぶつけ合います。
❹フープの外に出たり，上げている足が地面についたり足を替えたりしたら負けです。
　＊勝負がついたらありがとうのハイタッチをして，健闘をたたえ合います。
❺赤チームが場所を1つずれてペアを替え，2回戦目をします。
❻赤チームが一周するまで対戦を繰り返します。
❼一周したときに一番多く勝った子どもが優勝です。
　＊複数いた場合は優勝決定を行ってもいいでしょう。
　＊フープをロープなどにして土俵を広くすれば，3人や4人でもできます。

ぶつかり合うだけではなく，横にステップしてかわすなど，相手の動きに合わせて自分の動きを調整する感覚も身につきます。

25 新聞スライダー

体の移動　低学年

ねらい 新聞紙の上に乗って移動する運動を通して，力強く引く感覚と同じ姿勢を維持する感覚を身につける。

準備物▶新聞紙，ガムテープ

運動の手順

❶２～３人でグループをつくります。

❷１人が新聞紙の上に乗り，もう１人または２人で新聞紙の上に乗っている子を引っ張ります。

＊新聞の大きさや引っ張り方，乗る姿勢などを自分たちで工夫する時間をとります。その際にガムテープの使用を工夫例として伝えます。

❸スタートから折り返し地点まで進んだら，乗る人を替えてスタートまで戻ったらゴールです。３人の場合は，もう一度折り返し地点まで行ったらゴールとなります。

＊グループで「ゴール」と言いながらゴールすることを伝えます。

＊リレー形式での対抗戦やタイムアタックなどで行うこともできます。

引っ張る方も引っ張られる方も，子どもから出た言葉でコツや形を確かめます。

低学年でも，一人で引っ張ることができます。長い距離でも引くことができます。

場所 体育館　人数 全員

26 人間進化じゃんけん

体の移動　低学年

ねらい　様々な動き方で移動することを通して，体の動かし方の感覚やコツを身につける。

準備物 なし

運動の手順

❶コートの中に全員がバラバラに散らばります。

❷2人でじゃんけんをして勝つごとに，たまご（お尻歩き）→赤ちゃん（はいはい）→子ども（膝歩き）→大人（大股歩き）→老人（くねくね歩き）→天使（ぐるぐる回りながら歩く）の順でどんどん進化していきます。

＊一つ一つの動き方をしっかりと確かめてからスタートします。

❸天使になったら，クリアゾーンに移動します。

＊クリアしていない子は，「天使さん，助けて」と天使を呼んで，代わりにじゃんけんをしてもらってもよいことを伝えます。

＊一度天使になったら，またたまごからスタートして，何回天使になれるかに挑戦するやり方でもできます。

運動量確保のため，違う動きの子ともじゃんけんできます。

一つ一つの動き方を確かめ，上手な子を紹介します。

体育館

人数 ペア

27 体の移動　低学年 スパイダー王に俺はなる

ねらい クモ歩きで移動することを通して，腕支持や水平に移動する動き方を身につける。

準備物 ボール，玉入れの玉，新聞紙等

運動の手順

❶ペアをつくります。

❷１人がクモ歩きの形となり，ボールや玉をおなかに乗せて10歩移動します。

❸10歩移動したら，交代して同様に10歩移動します。

＊ペアの子には，ボールや玉が落ちたときに拾うこと，上手なところを褒めること，アドバイスをしてあげることを伝えます。

❹制限時間内（３～４分程度）で落とさずに何回交代できるか挑戦します。

❺リレー形式の対抗戦にしたり，移動する歩数を変えたりして行うこともできます。

おなかを平らにしたり，へこませたりとその子に合うやり方を考えることができます。

実態に応じて，玉入れの玉や新聞紙でもできます。

28 体の移動 低学年
4本足でステージ登り

手足を使って進んだり登ったりすることを通して，体の上手な動かし方の感覚を養う。

準備物▶玉入れの玉，玉入れケース

運動の手順

❶2つのグループに均等に分かれます。

❷ステージ下にそれぞれ外側を向いた状態でグループごとに一列に並びます。

❸教師のスタートの合図で，それぞれのグループの先頭の子が4本足で階段を上がって進み，出会ったところでじゃんけんをします。

＊勝ったらそのまま進み，相手グループの階段をおりて玉入れケースから自分で玉を1つもらい，自分のグループのケースに入れます。

＊負けた子は，進んできたコースを戻ります。

❹前の人が階段まで移動したら，次の人がスタートします。終わった子は，また自分のグループの最後尾に並び，制限時間を決めて繰り返します。

＊待っているときには，同じグループの友達にスタートの合図をかけることと，上手に4本足で歩いているかしっかり見ることを伝えます。

❺制限時間内（2～3分）に多く玉を取れたグループが勝ちとします。2回戦行います。

❻玉の合計（制限時間内にじゃんけんできた回数）が増えるよう全員で挑戦するやり方もあります。

距離を長くしたり，スタート位置を動かしたりすることで運動量が増えます。

4本足での移動のときは，ひざをつかないで移動するように確かめます。

場所 体育館　人数 グループ

29 体の移動　低学年
忍法まねまねの術

ねらい まねして動くことを通して，一緒に体を動かす楽しさを感じ，体の動かし方を身につける。

準備物 ▶ なし

運動の手順

❶３～４人でグループをつくり，少し間を空けて１本のラインの上に並びます。

❷教師のスタートの合図で，それぞれ先頭の子の動きをまねしながら進みます。

＊みんながまねしやすい速さで，できるだけ大きな動きにすることを伝えます。

＊音楽をかけたり，動きに合わせて「うさぎ」「ケンケンパ」などと口伴奏をしたりするとよいでしょう。

❸30秒～１分経ったら，次の人と交代します。

＊先頭の人と必ずタッチしてから交代することを伝えます。

❹制限時間内（３～５分）で繰り返します。

❺うまくまねできたかどうかを「忍者ポイント」（１～５点）で採点します。

＊よりたくさんのポイントが入るようにするため，グループと教師がそれぞれでポイントを決めることを伝えます。

口伴奏をしながら動くと動きをまねしやすくなります。

かける音楽によってリズムや速さを工夫します。

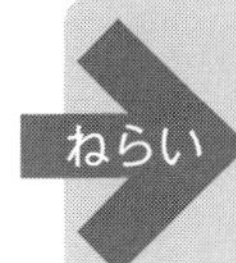

30 体の移動 中学年
ジャングルジムで増やし鬼

ねらい 鬼の動きを見ながら素早く上下左右に体を移動させる感覚を養う。

準備物 ▶ なし

運動の手順

❶4～5人でグループをつくります。
❷グループ内で逃げ役と鬼役を決めます。鬼役は帽子を赤にします。
❸逃げ役がジャングルジムに入ったら，教師のスタートの合図で1人目の鬼が捕まえに行きます。
❹15秒立ったら2人目の鬼が捕まえに行きます。
❺以降，15秒ごとに鬼を1人ずつ増やして捕まえに行きます。
❻逃げ役が鬼にタッチされたら，タッチした鬼と立場を交代します。
＊鬼が増えてくると，ジャングルジムだけで逃げることができなくなるので，地面を走って逃げてもいいことにします。ただし，地面の範囲を制限しないと，普通の鬼ごっこになってしまうので，ラインなどを引いて走ることができる範囲を制限しましょう。
❼全員が鬼ごっこに参加できるまでグループを交代しながら続けます。
＊5人グループの場合，3分程度の制限時間を設定するとよいでしょう。

鬼は1人から始めます。

鬼が3人に増えました。

場所 校庭・運動場  人数 グループ

31 体の移動 中学年
ジャングルジムでW鬼ごっこ

鬼や他方のチームの動きを見ながら素早く上下左右に体を移動させる感覚を養う。

準備物 ▶ なし

運動の手順

❶4～5人でグループをつくり，グループごとに最初の鬼を１人決めます。

❷2つのグループが同時にジャングルジムに入り，それぞれのグループごとに鬼ごっこを始めます。

❸途中で鬼にタッチされたら，逃げ役をタッチした鬼と交代します。

＊鬼が１人なので，地面に触れてはいけないというルールを適用します。

＊鬼はもう一方のチームの子にタッチすることはできません。

＊鬼を交代せずに，ローテーションさせながら全員に体験させる方法もあります。この場合，鬼はタッチしても交代せずにひたすら追い続けます。

❹お互いにすれ違うなどして逃げます。２分程度したらみんなでハイタッチをして終了です。

＊一方のチームが他方のチームの動きを意図的に制限（捕まえたり行き止まりをつくったりするなど）して，鬼がタッチしやすくさせるようなことは認めません。

ビブスチームと白チームが入り乱れながら鬼ごっこを行っています。

場所　校庭・運動場　人数　ペア

体の移動　中学年

32 鉄棒じゃんけん

ねらい　逆さになりながら移動する運動を通して，逆さ感覚やぶら下がり感覚を身につける。

準備物▶なし

運動の手順

❶ペアをつくります。

❷２つの鉄棒の両端にペア同士が向き合ってぶら下がります。

❸合図とともに，両者が近づきます。

＊途中で体の一部が地面についてしまったら，一度２人とも下りて同じ場所から再開します（こうもり歩きの場合は，手をつきながら移動していきます）。

＊支柱を越えて移動しても構いません。

❹出会ったところでじゃんけんをします。

＊じゃんけんは１回勝負です。

❺終わったらお互いにハイタッチをして次のペアに場所を譲ります。

❻制限時間（30秒程度）や回数（１ペア１回）を決めてペアを替えながら取り組ませ，最多勝利の子どもがチャンピオンです。

よーい，どん！（３組同時スタート）

「こうもり歩き」でもできます。

じゃんけんぽんっ！

場所 体育館　人数 グループ

33 折り返し動物リレー

体の移動　中学年

ねらい いろいろな姿勢で移動する運動を通して，腕支持感覚や投げ出し感覚等を身につける。

準備物 ▶ コーン，ケンステップ

運動の手順

❶４～５人でグループをつくります。

❷知っている動物からグループの人数と同数の動物を選び，特徴が表れた走り方を自由に試させます。

＊似た動きに偏らないように動物選びを吟味します。

❸動き方を共通理解し，グループごとにどの動物で走るか担当を決めます。

❹担当する動物の走り方で折り返しリレーをします。

＊登場する動物の順番から走る順番を自動的に決めたり，グループごとに自由に順番を決めたりすると，より楽しく取り組むことができます。

❺ゴールしたグループは，他のグループの「応援団」になります。

❻２回目は，走る動物をローテーションします。

❼動物の数だけローテーションすると，全員がすべての動物を体験したリレーになります。

他にも，クマ，クモ，カエル，サル等の動物があげられました。次時にやっても盛りあがります。

アザラシ

うさぎ

馬

場所 校庭・運動場／体育館　人数 ペア／グループ

体の移動　中学年

34 ニコニコしりとり走

ねらい　リラックスしながら一定の速さで走ることを通して，長く走る力を向上させる。

準備物 ストップウォッチ

運動の手順

❶ペアをつくります（少人数のグループも可）。

❷ペアごとに，何度かしりとりをしながら試走し，走る速さを決めます。

＊息が上がらない程度の速さにします。

＊やりとりが苦しくならない程度の速さにします。

＊そのなかで，できるだけ速く走るようにします。

❸３分走をします。

＊競走ではないので，他のペアを意識させないようにします。

＊「息が上がらないこと」「ペアがそろっていること」を目標に走ります。

❹３分後，ハイタッチをして一緒に水分補給をします。

❺２回目は，「終了時にちょうど『ん』で終わること」という目標を加えて走ります。

ペアごとに３分間走に取り組んでいます。

しりとりをしながら，走る速さを決めています。

場所 体育館　人数 全員

35 体の移動 高学年 目指せ！！アスリートの王－5種目走－

ねらい　1分間，5種目の走・跳の運動を行うことで体を移動する動きや体力を高める。

準備物▶コーン

運動の手順

❶10m 四方の四隅にコーンを置きます。

❷子どもたちは4箇所に分かれて左回りでスタートし，5種目の走・跳の運動を10秒ずつ（片足ケンケンは両足で20秒），合計1分間運動を行います。

〈5種目〉①左足・右足ケンケン，②手足走り，③クモ走り，④うさぎ跳び，⑤両足跳び

＊上記の運動を基本としますが，アザラシ歩き，ラッコ歩き，スキップ，大また走などの運動を取り入れてもよいです。

❸コーン1つで1点とし，制限時間内（1分）で何点とれたかを記録します（ペアで観察します）。

＊体育館のラインや壁を利用した折り返しの運動でも行うことができます。

記録も大事ですが，一つ一つの運動をしっかり行うことが大切です。

場所 校庭・運動場／体育館　人数 全員

36 急いで集めて －７ボール－

体の移動　高学年

ねらい　短い距離を全力で走り出す瞬発力や周りの状況判断力を身につける。

準備物 フラフープ，ラグビーボール

運動の手順

❶15m 四方の角と中央にフラフープを置き，中央のフラフープにはラグビーボールを７個置きます。

❷子どもたちは４つ角に分かれ，それぞれのエリア（フラフープ）につきます。

❸笛の合図で中央から自分のエリアに１個ずつボールを集めます。

❹真ん中にボールがなくなったら，他のエリアからボールを持ってきます。

❺３個ボールを集めたら勝ちです。

＊ボールは，玉入れの玉でも代用できます。転がらないのでボールより良い面もあります。

＊グループ対抗戦にしたり，コートの広さ，使用するボール，ルールを工夫（パスありなどに）したりすることでさらに子どもたちが楽しんで取り組める運動になります。

自分のエリアのフラフープに早くボールを３個集めたら勝ちです。

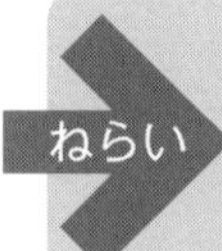

場所 校庭・運動場／体育館　人数 ペア

37 用具操作　低学年

シグナルパスキャッチ

ねらい　ボールの操作を通して，投捕の基本を身につけさせる。

準備物▶ハンドボール

運動の手順

❶ペアをつくり，２～３ｍ空けて向かい合います。

❷正面を向いたまま，両手で「手の平キャッチ」をします。

＊投げる方は，軽く下からゆっくり投げます。

＊捕る方は，上にきたら「おにぎり」，下にきたら「お皿」でキャッチします。

＊手の平でボールを捕る感覚を身につけます。

❸横へ移動しながらキャッチする練習をします。

＊捕る方が投げてほしい方向に手を差し出します（下図参照）。

＊投げる方は，その手を目標にして軽く投げます。

❹慣れてきたら，制限時間内（30秒）で何回パス交換ができるか競争します。

＊回数を指定して，どのペアが早く終われるかを競争してもよいでしょう。

素早く移動して手の平キャッチ！「おにぎり」「お皿」に気をつけて！

シグナルを出します。

38 用具操作 低学年 フープドッグラン

ねらい　フープを投げる感覚とフープをくぐるための俊敏性を高める。

準備物 フープ，三角コーン

運動の手順

❶ペアをつくり，フープを転がす役とくぐる役を決めます。

❷１人がフープを転がします。

＊逆スピンをかけるようにするとくぐりやすいのでおすすめですが，実態に応じて順回転で転がすようにしてもよいことにします。

❸転がすと同時に，もう１人はそのフープを追いかけてくぐり，点数が高い方が勝ちです。

＊フープをくぐった地点により点数が加算されていくこととします。

＊うまくくぐれない場合はフープにタッチすることから始めてもよいでしょう。徐々に難易度を上げていき最終的にはくぐった地点の点数を競うようにします。

＊ペアで点数を競争してもよいですし，グループに分かれて点数を競争するとより楽しくなります。

スタート
１点ゾーン
３点ゾーン
５点ゾーン

５m 間隔に得点エリアを設けます。スタートからフープを投げ，フープをくぐれたところが得点になります。

場所　校庭・運動場／体育館　　人数　グループ／全員

39　用具操作　低学年
8の字跳び

ねらい　様々な跳び方をして巧緻性を高めるとともに，みんなで運動を楽しむ。

準備物▶長縄

運動の手順

❶長縄を回す練習をします。

＊ダブルダッチ用の長縄は軽くて回しやすいのでおすすめです。

＊「長縄で山を作ること」「地面にあたった時の音を一定にすること」に気をつけて回します。

＊交代しながら全員に経験させます。

❷縄に入るタイミングをつかませます。

＊「縄を追いかけるように」入るのがポイントです。くぐり抜けるところからやってみます。

❸縄に入って跳ぶ場所を確認します。回し手の間，真ん中で跳ぶことを覚えます。

＊目印をつけておくと効果的です。テープやマット型のマーカーなどの跳ぶときに支障がないものを置くとよいでしょう。

❹８の字跳びをします。前の子に続けて入るのが難しい場合は，「１，２，３」などとみんなで声をかけながら練習します。

＊徐々に縄を速く回すようにし，連続で入るタイミングをつかませていきます。

❺慣れてきたら，制限時間内（１～３分程度）で回数を競います。

＊途中で引っかかっても回数を加算していく方が子どもたちの意欲が高まります。

場所 校庭・運動場／体育館  人数 ペア

40 用具操作 低学年 パスキャッチリレー

ねらい ボール操作の向上とともに移動しながら相手に合わせて動く能力を養う。

準備物 ハンドボール，コーン

運動の手順

❶ペアをつくります。

❷歩きながらペアでパス交換をします。カニ歩きで確実にパスキャッチができるようにします。

＊投げる子は，なるべく相手の上半身に投げるようにします。

＊捕る子は，手の平でキャッチできるようにします。

❸慣れてきたら，カニ歩きから徐々に速く移動できるようにしていきます。

＊サイドステップから，体は走る方に，顔は相手の方に向けて走れるようにします。

＊走って移動しているので，捕る子は自分が進む方に手を差し出し，投げる子に対して目標をつくるとよいでしょう。

最初は，確実に捕って投げることを重点に行います。徐々に速く移動することをねらいとしていきます。

折り返したらそのままの向きで続けます。それによって，左右両方でパスキャッチができます。

41 用具操作 中学年

フープ回しリレー

ねらい 用具操作をしながらリレーを楽しむ。

準備物 コーン，フープ

運動の手順

❶４つのグループに分かれ，グループ内でさらに２つに分かれます。
❷８～10m 空けてコーンを置き，同じグループの子同士が向かい合うようにして並びます。
❸フープをお腹で回しながら走ります。
　＊フープが落ちたら拾ってまた回しながら再スタートをします。
❹向かい側にいる同じグループの先頭の子にフープを渡してリレーをします。
❺アンカーに渡り，ゴールして全員が座ったらゲーム終了です。
　＊お腹で回す以外にも，腕，足など回す場所のアレンジが可能です。

フープを回しながら歩きます。落としたらその場所から再スタートします。

落ちてしまう前に全速力で走ってもよいです。落とさないように操作するコツを見つけます。

並び方　※１つのグループが図のように２つに分かれて並びます。

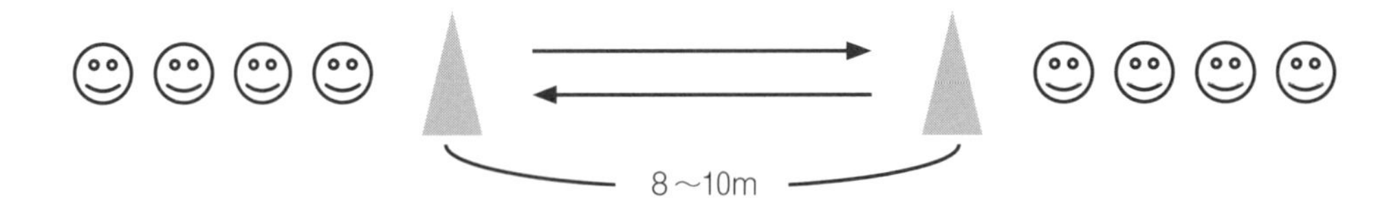

体育館

グループ

用具操作　中学年

42 みんなの上をころがーる

ねらい　用具操作の感覚を養い，楽しみながら競い合う。

準備物▶フープ

運動の手順

❶４人でグループをつくります。
❷３人は立膝になり，腕を胸の前に伸ばします。
❸残りの１人がフープを持ち，伸ばした腕の上でフープを転がします。
❹端の友達まで落ちずに転がったら成功です。
❺成功したらチームを合体し，人数を増やしていきます。
❻何人の上を転がすことができるか，チームで競争します。

＊まっすぐ転がす感覚を養うときは，転がされる子たちは動きません。
＊立膝の状態で足の上を転がしたり立った状態で腕の上を転がしたりと，難易度を変えることができます。
＊大人数でも落とさないようにつなげたいときは，フープの状態を見て動いてもよいなどとルール変更するとさらに楽しむことができます。

床の上で転がすよりも難易度が上がります。バウンドするなど様々な転がり方にも気づきます。

43 用具操作 中学年 なんちゃってホッケー

ねらい 複数の道具を操作する感覚を養う。

準備物 コーン，体操棒，ハンドボール

運動の手順

❶4つのグループに分かれ，グループ内でさらに2つに分かれます。

❷8～10m 空けてコーンを置き，同じグループの子同士が向かい合うようにして並びます。

❸それぞれ1～3走目までの人が体操棒を持ちます。

＊体操棒を使い，ホッケーのようにボールを転がします。体操棒からボールが離れないように操作することを確認してリレーを行います。

❹体操棒でボールを操作しながら進み，向かい側にいる同じグループの先頭の子にボールを渡します。渡されたボールは体操棒で受け取ります。

❺終ったら順番に体操棒を渡してリレーをします。

❻アンカーに渡り，ゴールして全員が座ったらゲーム終了です。

大きくボールを打つのではなく，体操棒から離れないように操作することがポイントです。次の子へのパスも体操棒で確実に受け取ります。

場所 校庭・運動場／体育館　人数 グループ

44 用具操作 中学年
長縄の中でジャンプ

ねらい　協力して大縄を跳ぶこと。用具の中で別の用具を操作する感覚を養う。

準備物 長縄，短縄

運動の手順

❶８人でグループをつくります。
❷そのうちの２人が長縄を回します。
❸長縄の中で１人ずつ短縄を跳びます。
＊前回し，後ろ回しなどのアレンジが可能です。
❹引っかかったら交代します。
❺グループ全体で何回跳べたか数え，グループのポイントにして競います。
＊短縄を回すことができない場合は，縄に合わせて跳びながら手をたたくなどと難易度を変更することもできます。

縄を回す向きを同じにして難易度を調整します。一回旋二跳躍にしたり一回旋一跳躍にしたりすることもできます。

体育館

グループ

45 人力車

力試し・力強い動き　低学年

重心を低くして乗車した人を引きずりながら，体幹を引き締める感覚を身につける。

準備物▶三角コーン，段ボール，紐等

運動の手順

❶３～６人でグループをつくります。

❷周回コースをつくります。所々に三角コーンなどを置いて停留所とします。

❸各停留所で待つ人（１～４人），乗客（１人），運転手（１人）を決めて位置につきます。

❹運転手はダンボールで作成したバスの紐を引きながら出発します（下の写真は，反時計回りで進みました）。

❺停留所まで来たら，乗客は降車して運転手になり，運転手は停留所で待ち，待っていた人は乗客となって乗車します。役割交代が完了したら発車します。

❻終点を決めておき（○周したら終わりなど），終点に到着したら終了です。

＊同じものを複数セット用意すると，チーム対抗リレーをすることができます。

＊力がついてきたら，１つの停留所に全員並び，一周交代で全員が回ったら終わりとしたり，その時間を計って他のチームと競ったりすることもできます。

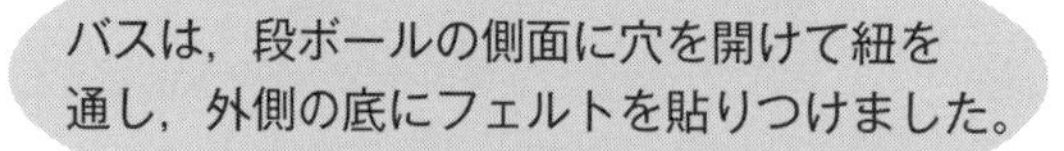

バスは，段ボールの側面に穴を開けて紐を通し，外側の底にフェルトを貼りつけました。

場所 校庭・運動場／体育館　人数 ペア／グループ

力試し・力強い動き　低学年

46 くずしっこ

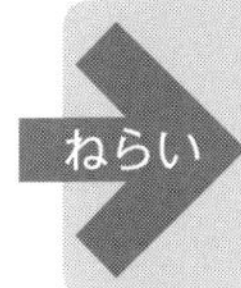

ねらい　力の入れ方を加減しながら，バランスを保ちつつ相手を崩す感覚を身につける。

準備物 ▶ 手ぬぐい，タオル等

運動の手順

❶ペアをつくり，互いに向かい合って手ぬぐいを持ち，開始線上に立ちます。

＊手ぬぐいの数を１本や２本にすると，難易度を変えることができます。（下の写真は，２本で行っています）。

❷審判の合図で手ぬぐいを引いたり緩めたりして力の入れ方を加減しながら，相手のバランスを崩します。

❸足が離れ，開始線以外の床に足がついてしまったら「負け」になります。

＊３人で三角形をつくり，３人同時に勝負することもできます。

＊開始線の代わりに，とび箱を使う方法もあります（安全面の配慮が必要です）。

線から足が出たら負け

跳び箱バージョン

手ぬぐいを引いたり緩めたりしながら，相手のバランスを崩します。

47 大根抜き

友達をいろいろな方向に引きずる運動を通して，力強く引く感覚を身につける。

準備物▶なし

運動の手順

❶全体を２つのグループに分けます。

❷大根（抜かれるグループ）と，鬼（抜くグループ）を決めます。

❸大根は，輪になって腕を組み，お尻をつけ，足を外側に出して座ります。

＊お尻を上げて立ち歩いたり，足をバタつかせたり，鬼を蹴ったりしないようにします。

❹鬼は，必ず足（足首）を持って引き抜きます。

＊手を引っ張ると，肩や肘を痛める危険性があるため，引っ張るのは足だけとします。

❺役割を交代し，制限時間内（１分程度）にどちらのグループがより多くの大根を引き抜くかを競います。

＊両手が隣の子から離れたら，引き抜いたと判断します。

＊全員を引き抜くまでの時間を競っても楽しいです。

＊センターサークルなどの円の中で行い，引き抜かれたら１点，センターサークル（ラッキーゾーン）まで運んだら５点とし，より遠くへ引っ張ったら高得点にするなどとポイントを競うことも楽しいです。

48 空飛ぶ絨毯

力試し・力強い動き　低学年

バスタオルに乗った人を引っ張る運動を通して，力強く引く感覚等を身につける。

準備物 カラーコーン，毛布（バスタオル）

運動の手順

❶３人でグループをつくります。

❷１人は毛布に乗り，残った２人が毛布を引っ張ります。

＊乗る人が後頭部を打たないように気をつけて引くようにします。

＊ペアでも可能ですが，引っ張る２人が「せーの」等の声をかけ合い，協力しながら引っ張る方が，かかわりあいが生まれます。

❸10～15m 先のコーンを回って戻ります（折り返しリレー）。

❹戻ったチームは，役割を交代します。

❺チーム全員が役割を代えながら３往復したらゴールです。

２人で毛布を引きます。反対にあるコーンを回って戻ってきたら，乗る人を交代します。

体育館 人数 ペア

49 手押し車じゃんけん

力試し・力強い動き　中学年

両腕で体重を支えながら移動したり，相手の様子を見ながら支えたりする動きを身につける。

準備物 マーカー（ケンステップ）

運動の手順

❶ペアをつくり，開始ポイントに並びます。
　＊開始ポイントは，マーカーやケンステップなど，薄くて目立つものを用意します。
　＊プレイエリアは，開始ポイントで囲まれた範囲内とします。
❷腕立てをする役と足を支える役を決め，手押し車の準備をします。
❸開始の合図で移動し，対戦相手を見つけたらじゃんけんをします。
❹じゃんけんに勝った子は，開始ポイントまで戻り，手押し車の役割を交代します。
❺じゃんけんに負けた子は，開始ポイントまで戻り，再び相手を探してじゃんけんをします。
❻じゃんけんに勝ったら１点とし，制限時間内（５分程度）でより多く得点したペアの勝ちです。

近くにいるペアとじゃんけんをします。

50 力試し・力強い動き 中学年
プルプル

重心を低くして人を引っ張りながら，体幹を引き締める感覚を身につける。

準備物 ▶ 長縄，バスタオル

運動の手順

❶ペアをつくり，縄を引く役と引っ張られる役を決めます。
　＊引っ張られる役は，スタートライン上にバスタオルを置き，その上に座ります。
❷縄を引く役は，開始の合図が鳴ったら，その場でできるだけ速く縄を手繰り寄せます。
　＊縄をしっかり握ったまま後ろに下がって味方を引っ張る方法もあります。
❸先にゴールラインまで味方を手繰り寄せた人の勝ちです。

▼

場所 校庭・運動場／体育館　人数 グループ

51 力試し・力強い動き 中学年
お助け綱引き

ねらい　綱引き用の綱を引っ張る運動を通して，力強く引く感覚等を身につける。

準備物 綱引き用の綱（10m程度）

運動の手順

❶全体を２つのグループに分け，１グループをさらに２つのチーム（Ａチーム・Ｂチーム）に分けます。

❷中央に置かれた１本の綱を挟んで，垂直方向に向き合って並びます。このときにＡチームは，最初から綱の横に並び，Ｂチームは，最初は綱から離れた場所に待機します。

❸開始の合図で，Ａチームは綱を引き合い，Ｂチームは自分のグループの元へ走っていきます。

＊Ｂチームが綱の元へ行く際，アザラシ歩き，手押し車（２人組）等で移動すると，力強い動きのバリエーションが増えます。

❹Ｂチームが，Ａチームの元に合流して綱を引き合います。

❺終了の合図で引くのを止め，綱を床に置きます。

❻同様の活動を，ＡチームとＢチームを入れ替えて行います。

場所 校庭・運動場／体育館　人数 グループ

力試し・力強い動き　中学年

52 大蛇を引っ張れ

ねらい 綱引き用の綱を引っ張る運動を通して，力強く引く感覚等を身につける。

準備物▶綱引き用の綱（10m 程度）

運動の手順

❶綱に，ポイントを等間隔に３～５点つけておきます。
❷全体を２つのグループに分けます。
❸中央に置かれた１本の綱を挟んで，平行方向に向き合って並びます。
❹開始の合図で，中央に置かれた綱へ走っていき自陣に引っ張ります。
＊通常の綱引きとは違い，矢印の方向へ綱を引きます。
❺終了の合図で引くのを止め，綱を床に置きます。
＊急に手を離すことがないように気をつけて置くようにします。
❻綱のポイントがついている部分が，自陣により多く入っていたグループの勝ちです。
＊誰がどこの部分を引っ張りに行くか，作戦を考える活動を入れると，力の強い子や足の速い子等の特徴に応じた並び方や人の組み合わせを工夫するかかわりあいの姿が見られます。

場所　校庭・運動場／体育館　人数　全員

53 力試し・力強い動き　高学年
解凍鬼ごっこ

ねらい　力の入れ方を加減したり，複数で持ち上げたりしながら安定して運ぶ動きを身につける。

準備物　ケンステップ，フラフープ

運動の手順

❶エリア内に解凍ゾーンを設置します。
　＊解凍ゾーンについては，エリア内の適当な場所にケンステップやフラフープを置いたり，室内の場合はラインなどを活用したりすると，難易度を変えることができます。
❷鬼を３～４人決めます。
❸合図で開始し，鬼は逃げている子をタッチしていきます。
❹タッチされた子は，その場に止まり，「助けて～」などと言いながら，仲間の助けを待ちます。
❺逃げている子は，タッチされた子を様々な方法で解凍ゾーンまで運びます。
❻解凍ゾーンまで運べたら，タッチされて凍っていた子は再び逃げることができます。
　＊手を引いて歩いて移動する運び方はなしとします。
❼制限時間内（５分程度）で，鬼を交代しながら行います。

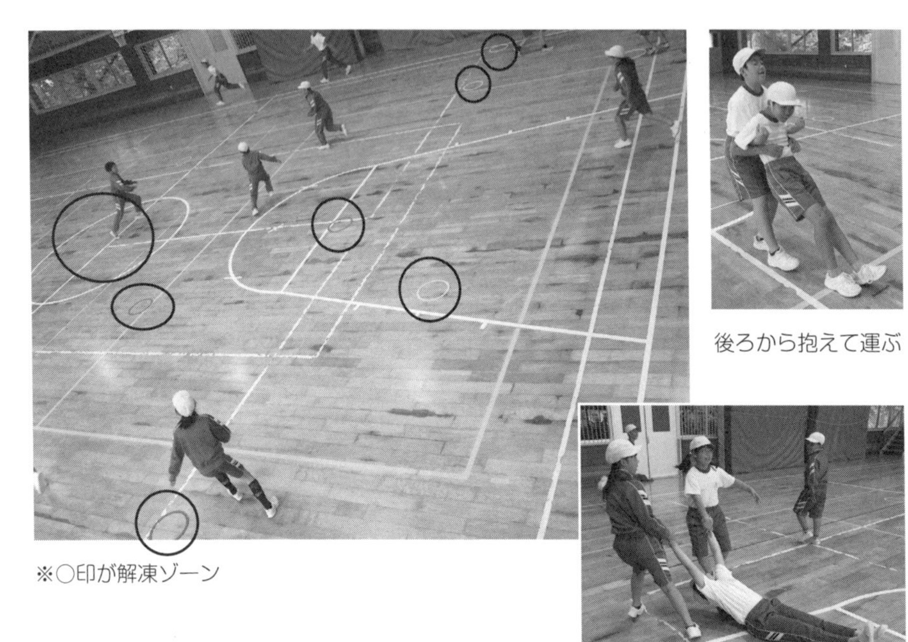

※○印が解凍ゾーン

後ろから抱えて運ぶ

だっこして運ぶ

２人組で運ぶ

おんぶして運ぶ

場所 校庭・運動場／体育館　人数 グループ

54 力試し・力強い動き 高学年
騎馬じゃんけん

ねらい 3人組，4人組で協力して騎馬を組み，持ち上げながら，人を運ぶ。

準備物▶紅白帽子（はちまき）

運動の手順

❶全体を２つのグループに分け，10m 程度離れた位置に向かい合って並びます。
❷１グループをさらに４～５人のチームに分けて，騎馬を組み，騎手を乗せて立ちます。
❸勝負開始の合図で移動し，対戦相手を見つけたらじゃんけんをします。
❹じゃんけんに勝った騎手は，相手の騎手から帽子をもらうことができます。
❺じゃんけんに負けたチームは，スタート位置に戻って騎手を交代します。
＊じゃんけんの勝ち負けにかかわらず，じゃんけん１回ごとに騎手を交代する方法もあります。
❻チームの帽子が全部取られたら，自陣に戻って騎馬を解きます。
❼制限時間内（５分程度）で，より多くの帽子を取ったグループの勝ちです。
※チームの人数にばらつきがある場合は，チームごとの持ち点を帽子の数などで事前にそろえます。

騎手同士でじゃんけん

３人騎馬

４人騎馬

力試し・力強い動き　高学年

場所 校庭・運動場／体育館　人数 ペア

55 力試し・力強い動き　高学年
押忍！押す相撲

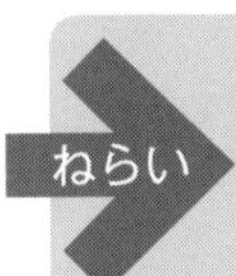

ねらい　色々な姿勢で押し合い，寄り合い，力強く押す感覚やバランスをとる感覚等を身につける。

準備物▶なし

運動の手順

❶ペアをつくり，互いに向かい合います。
　＊目印となる線を挟んで立つようにします。
❷いろいろな組み方・姿勢で押し合います。
　＊互いに向き合って肩に手を置いて押す，互いの肩をつけて横向きで押す，背中を合わせて後ろ向きで押す等，様々な組み方・姿勢でやるとおもしろいです。
❸制限時間内（10秒）に相手陣地に押し込んでいた子の勝ちです。
　＊腰を低くする，お腹に力を入れて押す等，どのように押すとよりよいか考えさせます。
❹相手を変えて勝負を繰り返し，勝ち星が多かった子をチャンピオン（横綱）とします。

場所 校庭・運動場／体育館　人数 グループ

56 ぶら下がりっこリレー

力試し・力強い動き　高学年

ねらい　物（登り棒・肋木・雲梯）にぶら下がる運動を通して，全身に力を込める感覚を身につける。

準備物 ▶ なし

運動の手順

❶３～４人でグループをつくります。

❷ぶら下がる順番をグループ内で決めます。

＊登り棒・肋木・雲梯等，ぶら下がるものを変えるとバリエーションが増えます。

❸各グループの最初の子が，開始の合図でぶら下がり始めます。

＊登り棒につかまったり，肋木や雲梯にぶら下がったりすることが苦手な子には，足が届く程度の高さで行うと安心して運動に取り組めます。

❹各グループの最初の子がぶら下がることができなくなって手を離したら，３秒以内に次の子がぶらさがる運動を開始します。

＊リレーのように，上記❹を繰り返していきます。

❺合計でより長くぶら下がることができたグループが勝ちです。

場所 体育館　人数 グループ

57 組み合わせ　中学年
落とさず渡って！

ねらい　バランスをとりながら移動する感覚を身につける。

準備物 平均台，体操棒

運動の手順

❶５～６人でグループをつくり，平均台の左右に分かれて一列に並びます。
❷片手で体操棒を持ってバランスをとりながら平均台を歩きます。
　＊平均台の上を怖がって歩けない子は，下にマットを敷いたり，両手で体操棒を持ったりするなどと実態に合わせてルールを工夫します。
❸最初の子が平均台を歩き終えたら向かい側の先頭の子に体操棒を渡してリレー形式で行います。
　＊途中で落としたときには，落とした場所から平均台に上がり，続けて歩きます。
❹上手にできるようになったら，グループ全員が平均台を歩ききる時間を競い合います。

58 組み合わせ 中学年 みんなでキャッチ！

ボールを投げ上げ，移動して捕球する感覚を身につける。

準備物 ▶ ボール

運動の手順

❶７～８人でグループをつくって円になり，１人１個ずつボールを持ちます。

＊ボールは捕球しやすい柔らかめのものを使用します。

❷全員で一勢にボールを真上に投げ上げたら，時計回りに移動し，前の人が投げ上げたボールを捕ります。

＊なかなか上手に投げ上げられなかったり，捕球できなかったりするときには，ワンバウンドさせるなどと投げ方を工夫します。

❸５分くらい練習をした後，制限時間内（２分）に回った回数を競います。

グループごとに輪になる

できるだけ受け取ろうとするボールから目を離さないように移動しましょう。

投げ上げた方向に素早く移動する

場所 校庭・運動場／体育館　人数 グループ

59 組み合わせ 中学年 お宝運び

ねらい　2人でボールを運ぶ運動を通して，バランスをとりながら歩いたり走ったりする動きを身につける。

準備物 ボール，新聞紙

運動の手順

❶6～8人でグループをつくり，二列に並びます。
❷ペアに分かれ，新聞紙の上にボールを1個乗せて移動します。
❸新聞紙を動かしてバランスをとりながら落とさないようにボールを運びます。
❹ボールと新聞紙をバトン代わりにしてリレーをします。
❺ボールを落としたら，落とした場所から再びボールを乗せて続けます。
❻何度か練習した後，グループ対抗で競走します。

新聞紙を動かしながらバランスをとり，ボールを落とさないように移動します。2人で声をかけ合いながら進みます。

慣れてきたらコーンなどを置いて，ジグザグコースを作ります。

場所 校庭・運動場／体育館　人数 グループ

60 組み合わせ 中学年
ぐるぐるリレー

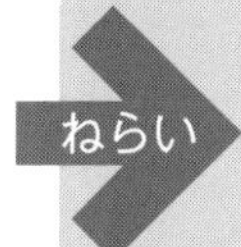

ねらい　フープを回しながら歩いたり走ったりする運動を通して，基本的な動きを組み合わせた運動を身につける。

準備物 フープ

運動の手順

❶5～6人でグループをつくり，グループごとに一列に並びます。
❷フープを腕で回しながら走ります。
❸15m 地点で折り返し，フープをバトン代わりにして次の人へリレーします。
❹何度か練習した後にグループ対抗で競走します。
＊最初から競走をするとフープを正確に回すことができなくなるので，上手に回せるようになるまではグループ内で練習をします。

フープをバトン代わりにしてリレーします。

フープを回しながら移動します。腕に沿ってフープがきれいに回るように練習します。

組み合わせ　中学年

61 組み合わせ 高学年「1→大→1→大…」と「十→人→十→人…」

ねらい 手足（腕脚）の左右開閉感覚や手足（腕脚）の協調性を身につける。

準備物 なし

運動の手順

❶個人で，下図の（1）「1→大→1→大…」と，（2）「十→人→十→人…」が2拍子のリズムでできるように練習します。
❷個人で（1）（2）がそれぞれできるようになったら，（1）と（2）の動きを止めないで，スムーズにできるよう練習します。
❸ペアでじゃんけんをし，勝った子は自分で好きなように（1）と（2）を行います。負けた子はその通りまねをします。途中で動きが止まってしまったり，同じ動きができなかったりした子が負けです。30秒ほどやっても勝敗がつかない場合は，役割を交代します。
❹勝敗がついたら，ハイタッチをして別れ，次のペアをつくります。
❺制限時間内（5分程度）で，何勝できるかを競い合います。

（1）1→大→1→大…

（2）十→人→十→人…

じゃんけんで役割を決めます。

途中で動きが止まったり，同じ動きができなかったりした人が負けになります。勝敗がついたらハイタッチをして，次のペアを探します。

校庭・運動場／体育館 人数 ペア

62 組み合わせ 高学年「大→大→大…」と「大→1→大→1…」

ねらい 手足（腕脚）の前後開閉感覚や手足（腕脚）の協調性を身につける。

準備物 ▶ なし

運動の手順

❶個人で，下図の（1）「大→大…」が2拍子でできるように練習します。
❷個人で（1）ができるようになったら，間に「気をつけ」を入れて（2）ができるようになるまで練習します。同じ手足が出たらアウトです。
❸ペアをつくり，どちらが（2）を長くできるかを勝負します。同じ手足が出たり，動きを続けられなくなったりした子の負けです。
❹勝敗がついたら，ハイタッチをして別れ，次のペアを探します。
❺30秒程やっても勝敗がつかない場合は，握手をして別れ，次のペアをつくります。
❻制限時間内（5分程度）で，何勝できるかを競い合います。

（1）大→大…
㋐右手前・左足前 左手後・右足後 ㋑右手後・左足後 左手前・右足前

反対の手足を前に出して跳びます。

（2）大→1→大→1→大→1→大→1
【発展】㋐と㋑の間に「気をつけ」を入れます。

上のように数えながら，同じ側の手足が前に出ないように10回続けます。

同じ手足が出たり，動きを続けられなくなったりした人の負けです。

場所 校庭・運動場／体育館　人数 グループ／全員

63 組み合わせ 高学年
長縄ボール渡し

ねらい 長縄跳びとボール渡しを組み合わせ，動きの質を高めるとともに，集団的達成感を味わう。

準備物 ▶ 長縄，ボール

運動の手順

❶5～6人でグループをつくります。
❷2人が長縄を回します（回し手は，交代しながら行います）。
❸跳び手は，順番に長縄に入ります。最後に入る人はボールを持って長縄に入ります。
❹全員が縄に入ったら，長縄を跳びながら，ボールを手渡ししていきます。
❺ボールが1往復したら，順番に縄から出ます。
❻引っかからずにできたら，グループ全員でハイタッチをします。
❼役割を交代しながら，挑戦を続けます（縄に入る順番も変えていきます）。
❽制限時間内（3～5分程度）で，何回ハイタッチができるかをグループ対抗で競い合います。
＊人数を増やして10～12人でグループをつくり，どのグループが先に達成するかを競ったり，クラス全員で行い集団的達成感を味わったりする楽しみ方もあります。

長縄を跳びながら，ボール渡しを行い，集団的達成感を味わいます。

場所 体育館　人数 ペア／グループ

組み合わせ　高学年

64 Gボールはさみ移動＋ターン

ねらい　Gボールはさみ移動とターンを組み合わせ，動きの質を高め，集団的達成感を味わう。

準備物 Gボール

運動の手順

❶ペアをつくり，Gボールを背中とおなかで挟んで10歩ほど移動します。
❷Gボールを落とさないようにターンして，前後を逆にします。
　＊声をかけ合いながら，ターンのスピードを合わせるのがポイントです。
❸Gボールを落とさずに２往復できたら，ハイタッチをし，次のペアをつくります。
❹何人とハイタッチできたかを競います。
　＊ペアでできたら，４～５人のグループで行うと，さらに楽しくできます。

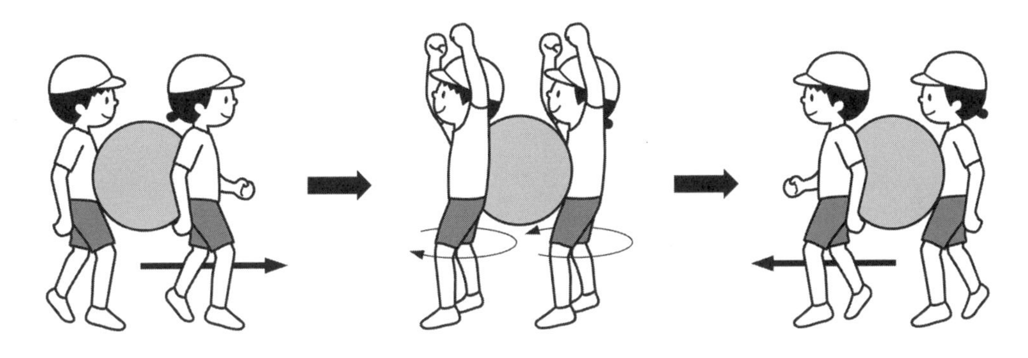

ペアで前後になり，G ボールを背中とおなかで挟んで移動します。

G ボールを落とさないようにターンをして前後を逆にします。

G ボールを落とさないように挟んでスタート位置に戻ります。

10歩ほど歩いて

ボールを落とさないようゆっくりターン

できた！

場所 体育館  人数 ペア

65 柔軟性 低・中学年 板目じゃんけん

ねらい 友達と楽しく左右開脚や前後開脚をすることで，股関節の柔軟性を高める。

準備物 ▶ なし

運動の手順

❶ペアをつくり向かい合って立ちます。
　＊足は体育館床の板目に合わせます。
❷じゃんけんをして，負けた人が板１枚分足を横に開きます（左下写真参照）。
　＊実態に合わせて「負けたら，板○枚分足を開く」とするなどして難易度を変更できます。
❸❷を繰り返します。
❹倒れたり，手をついたり，足を開けなくなったら負けになります。勝った人に１ポイントが入ります。
❺制限時間内（５分程度）で，何ポイントとれるかを競います。
　＊前後開脚で行うこともできます。

場所 体育館　人数 グループ

66 柔軟性 低・中学年 うしろの正面　だれだ！

ねらい 友達と一緒に楽しみながら，体を反らせ柔軟性を高める。

準備物 なし

運動の手順

❶３～５人でグループをつくります。じゃんけんで鬼を決めます。
❷鬼１人とそれ以外の人に分かれます。
❸鬼は背を向け，それ以外の人は一列に並びます。
❹グループの全員で「♪うしろの正面だ～れだ♪」と歌います。歌っている間に，鬼以外から後ろの正面になる人を決めます。
❺歌い終わると同時に，後ろの正面の人は立ち，他の人はしゃがみます。
❻鬼は，体を反らせて後ろの正面の人を当てます。当たったら，鬼を交代します。当たらなかったら，もう一度行います。
＊「♪うしろの指は何本だ？」と歌い，同じように指の数を当てるバージョンもできます。

「♪うしろの指は何本だ？」バージョンの方が、数える必要があるので難易度が高くなります。

「♪うしろの正面だ～れだ♪」を歌い終わる瞬間にタイミングを合わせて１人だけ立ち，それ以外はしゃがみます。

67 ブリッジくぐりリレー

柔軟性 低・中学年

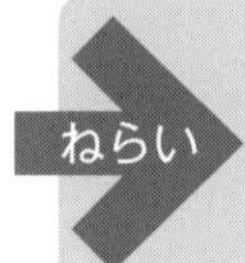

楽しくブリッジくぐりリレーを行い，柔軟性を高める。

準備物▶マット

運動の手順

❶3～5人でグループをつくり，1人がマットの端に立ちます。それ以外の子は，マットの上でブリッジをします。
　＊最初にマットの端に立つ子は，帽子の色を変えます。

❷「ようい　どん！」でマットの端に立っていた子は，這うようにしてブリッジを最後までくぐっていきます。

❸くぐり終わったら「いいよ！」と合図して，最後尾につき，自分もブリッジをします。

❹続いて，ブリッジをしていた端の子が同様にブリッジをくぐっていきます。

❺次々と同じようにブリッジをくぐっていき，最初にマットの端に立っていた子が2回目（または3回目）に先頭に来たら終了です。
　＊全員終了したら，グループ全員で元気よく「はいっ！」と言い体育座りをします。

❻グループ対抗で速さを競い合います。

68 前屈じゃんけん

柔軟性 低・中学年

楽しみながら前屈をじわりじわりとすることで，股関節や前方への柔軟性を高める。

準備物 なし

運動の手順

❶ペアをつくり，向かい合って開脚の状態で座ります。
 ＊このとき，板目に合わせてペアで足裏を合わせます。
 ＊足裏を合わせた板目のラインまでが自分の陣地となります。
 ＊足が大きく左右に開く場合は，自分の陣地が狭くなるので，このゲームに有利になります。
❷じゃんけんをして，勝ったら板目１枚分手を前に進めていきます。
❸足裏を合わせているラインを越えて相手の陣地に入ったら，勝ちとなります。
❹負けた人は，勝った人に優しく手を引っ張ってもらい，10数えます。
 ＊体の硬い子どもの方が，自分の陣地が広いので，負けて引っ張ってもらえる確率が高くなります。
❺制限時間内（５分程度）で繰り返します。
 ＊柔軟性がアップしてきたら，手を肘に替えて行います。

柔軟性 低・中学年

場所 校庭・運動場／体育館　人数 ペア

69 柔軟性 高学年 じゃんけんぐ〜り〜こ〜

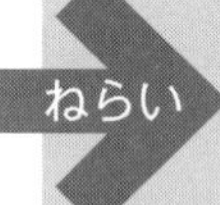

ねらい 仲間と競い合いながら，股関節の柔軟性を高める。

準備物▶なし

運動の手順

❶ペアをつくり，スタートラインに並びます。

❷じゃんけんをして，勝ったら進みます。

＊ジャンプではなく，脚を床から離さないように前後に最大限開脚をして進みます。

❸グー・チョキ・パーのどれで勝っても３歩ずつ進むことにします。

❹ゴールまで早くたどり着いた方が勝ちです。

＊前後の開脚を左右の開脚に変えるなど，脚の開き方を変化させると股関節の柔軟性を多様な方向に高めることができます。

＊一歩を最大限に広げ，じっくりと開脚で進めるように促しましょう。

一歩を大きく踏み出すと，早くたどり着けるぞ。がんばって踏み出そう。

じゃんけんでアイコンタクトして呼吸をそろえられるね。

場所 体育館  人数 グループ

70 柔軟性 高学年
○○小の架け橋

ねらい チームの勝利に向かい，極限まで体を伸ばす感覚を身につける。

準備物 なし

運動の手順

❶ペアかグループをつくり，スタートラインに一列で並びます。

❷お互いに極限まで伸びてつながっていきます。

１人が伸びたら次の人がつながります。これを繰り返していきます。仲間がいなくなったら，スタートの人から順番に同じことを繰り返していきます。

❸延べ人数で少なく，目的地まで架け橋をつないだチームの勝ちです。

＊前後や左右の開脚などを組み合わせてもよいでしょう。

＊ BGM を効果的に使うとよい雰囲気で行うことができます。

友達が苦手なときは，できるだけ私が広げてみよう。

仲間のために，自分の限界まで体を伸ばしてみよう。

場所 体育館　 人数 グループ

71 ミッション・ゴムポッシブル

柔軟性　高学年

ねらい　張り巡らされたゴムひもをくぐり，多様な移動の仕方で，柔軟性を高める。

準備物 ゴムひも，塩ビ管や体育棒等のゴムを巻くもの

運動の手順

❶４人でグループをつくり，ゴムひもを支える役とくぐる役を決めます。

❷１本のゴムひもを多様な方法でくぐってみます。

＊リンボーダンスの要領ですが，反る動きだけでなく，前屈や腹這いなどで行ってもおもしろいです。

❸数本のゴムひもを高く，低く，ななめなどにして組み合わせます。

❹ゴムひもに触らないようにくぐったり，またぎ越したりします。

＊動き方のポイントを決めておくと，高得点をねらって柔軟性が高まる動きを選択します。
（例）　腹這い１点，前屈３点，リンボーダンス５点　等

＊その場で止まらないで，スパイが赤外線をくぐり抜けて宝物を獲得するように，前方に移動しながらリレー形式で行うのも楽しめます。

どこの隙間を通ったら，うまく抜けられるかな。狭いから体を反らさないと通れないかも。

こんな狭いところどうやって通ればいいかな。

場所 体育館　人数 ペア

72 どうぞつまらないものですが

柔軟性　高学年

ねらい　ボールを渡す活動を通して，柔軟性を高める。

準備物 ボール

運動の手順

❶ペアをつくり，１ｍ空けて向かい合います。
❷ボールを贈り物にみたてて，相手に渡します。
　＊贈り物なので，絶対落とすことができないことや相手への思いやりが伝わるような渡し方をすることなどの約束を決めましょう。
❸成功したら間の距離を伸ばしていきます。
　＊板の数や長さを使うと意欲化が図れます。
❹多様な渡し方を考えさせます。

全身を極限まで伸ばして渡してみよう。

自分はきつくても，相手が取りやすいようにできる限り伸ばさないと。

場所 校庭・運動場／体育館　人数 グループ

73 巧みな動き 低・中学年

ぐるぐる縄跳び

ねらい　移動しながら縄跳びをすることで巧みな動きを身につける。

準備物▶短縄

運動の手順

❶5～6人でグループをつくり，それぞれ円をつくります。
❷順番を決め，１番の子は円の中に短縄を持って入り，周りの子は中心を向きます。
❸縄を持った子は自分の正面にいる子と一緒に縄を跳びます。
❹縄を持った子は縄を跳びながら次の子に移動します。
　＊空跳びも入れてよいことにするとよりスムーズに記録を伸ばすことができます。
❺全員でリズムを合わせながら一周します。
❻一周できたら，縄を持った子が周りの子全員とハイタッチをして交代します。
　＊みんなできたら，自分たちで並び方を考えると「オリジナルぐるぐる縄跳び」ができます。

巧みな動き　低・中学年

ラダー陣取り合戦

ねらい　ラダーを使い，規制されたなかでの動きをリズミカルに行うことで，巧みな動きを身につける。

準備物　ラダー，カラーコーン

運動の手順

❶２名以上で２つのグループをつくります。
❷ラダーやカラーコーンでひとつなぎになるようなコースを作ります。
❸ラダー内でラテラルシャッフルやツイストスキップなどを練習します。
　＊慣れてきたら子どもたちにステップを考えさせるのもよいでしょう。
❹グループごとに分かれ，それぞれの陣地からラテラルシャッフルでスタートします。
❺相手のグループの子と出会ったら，その場でじゃんけんをします。
❻勝った子はそのまま進み，負けた子はコースから抜けて自陣に戻ります。
　＊負けた子には「負けた〜」，勝った子には「勝った〜」と声を出して自分のグループに知らせるようにするとよいです。
❼負けが出たグループは，次の子に交代し，相手陣地に向けて進んでいきます。
❽❺〜❼を繰り返し行い，制限時間内（３分程度）にどちらが多く陣地に入ったかを競います。

「ラテラルシャッフル」をしながら前に進み，出会ったところで体じゃんけんをします。

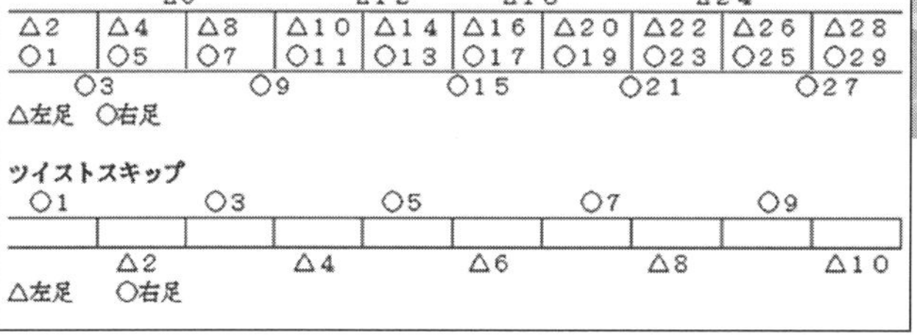

巧みな動き　低・中学年

場所 校庭／体育館　人数 ペア／グループ

75 巧みな動き 低・中学年 輪踏み陣取り合戦

規制されたなかで様々な動きを行うことで，巧みな動きを身につける。

準備物▶ケンステップ

運動の手順

❶２名以上で２つのグループをつくります。

❷ケンステップを一列に置きます。

＊矢印の向きを前後左右に向けるのがポイントです。

❸矢印が向いている方の足で輪踏みをします。

＊右矢印は右足，左矢印は左足，後ろ矢印は両足，前矢印は好きな方の足で跳びます。

❹グループごとに分かれ，それぞれの陣地から先頭の子が開始の合図でスタートします。

❺相手のグループの子と出会ったら，その場でじゃんけんをします。

❻勝った子はそのまま進み，負けた子はコースから抜けて自陣に戻ります。

＊負けた子は「負けた～」，勝った子どもは「勝った～」と声を出して自分のグループに知らせるようにするとよいです。

❼負けが出たグループは，次の子に交代し，相手陣地に向けて進んでいきます。

❽❺～❼を繰り返し行い，制限時間内（３分以内）にどちらが多く陣地に入ったかを競います。

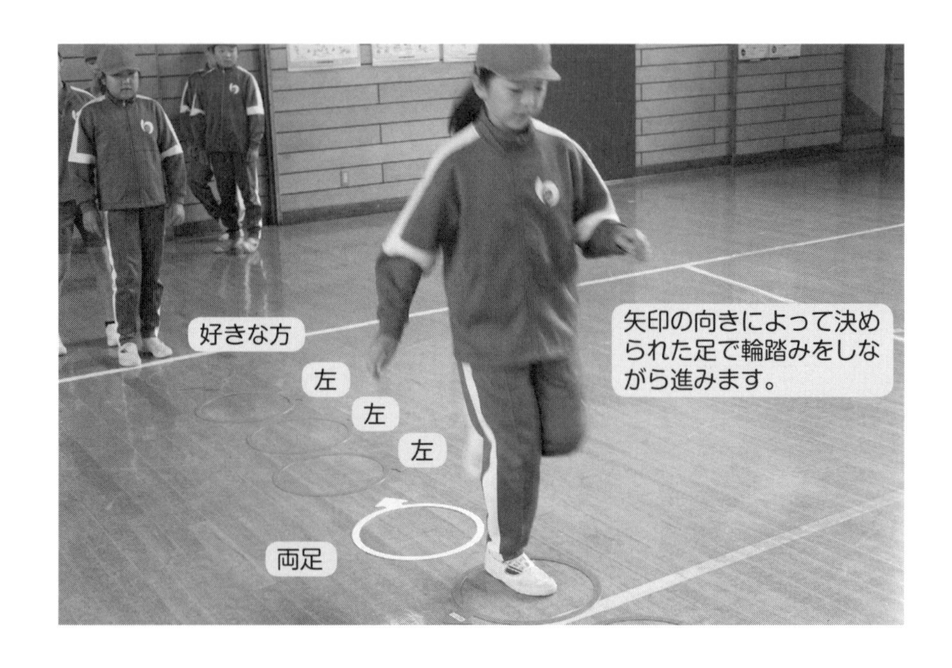

場所 校庭／体育館　人数 グループ

76 巧みな動き 低・中学年
ボールあげ運び

ねらい　物の動きに対応して動く感覚や巧みな動きを身につける。

準備物 ボール

運動の手順

❶２～４人でグループをつくり，横を向いて一列に並びます。
❷１番目の子は３番目（４番目）の子がキャッチしやすいようにボールを斜め上に投げ上げます。
❸３番目（４番目）の子はその場でボールをキャッチ。１番目と２番目の子は順番を変えずに３番目（４番目）の子の反対側へ移動します。
＊ボールの高さを調節するよう，パスではなく投げ上げることを伝えます。
❹ボールをキャッチした３番目の子は移動してきた２番目だった子どもがキャッチしやすいようにボールを斜め上に投げ上げます。
＊１番目が３番目，３番目が２番目，２番目が１番目とボールを持っている子から見て１番遠くにいる子どもにボールを投げ上げることを繰り返します。
❺上記を繰り返しながら，ボールをゴールまで運びます。
＊ゴールしたらグループでハイタッチするように伝えます。
＊ボールを落とした場合はスタートからやり直しにします。
❻制限時間内（２分×３回）で何個運べるか競い合います。

１番が３番に山なりにボールを投げます。

１番と２番がボールを追いかけるように順番を変えずに移動します。

巧みな動き 低・中学年

場所 校庭・運動場／体育館　人数 グループ

77 巧みな動き 高学年
ボール転がしリレー

ねらい　相手に合わせてボールを出す感覚やボールに合わせた動きを身につける。

準備物▶ボール

運動の手順

❶５～６人でグループをつくり，１走とボールを持った２走は隣同士に並んで開始の合図を待ちます。３走以降は，後ろに並んで待ちます。

❷開始の合図とともに，２走はボールを転がし，１走が走り出します。

❸１走は転がされたボールがラインを超えたらキャッチをし，スタート位置に戻ります。
　＊ボールは，必ずラインを越えてからキャッチするようにさせます。

❹３走は，２走の横に並び１走からボールを受け取ってボールを転がし，２走が走り出します。

❺最終走者のボールを転がすのは第１走者とします。最終走者がボールをキャッチして戻ってきたら，一番後ろに並び，全員が座るまでの速さで勝敗を競い合います。
　＊１回の時間は２～３分程度なので，ボールを転がす強さや，キャッチするタイミングについて話し合ったり，練習したりする時間を設け，再度リレーを行うようにします。

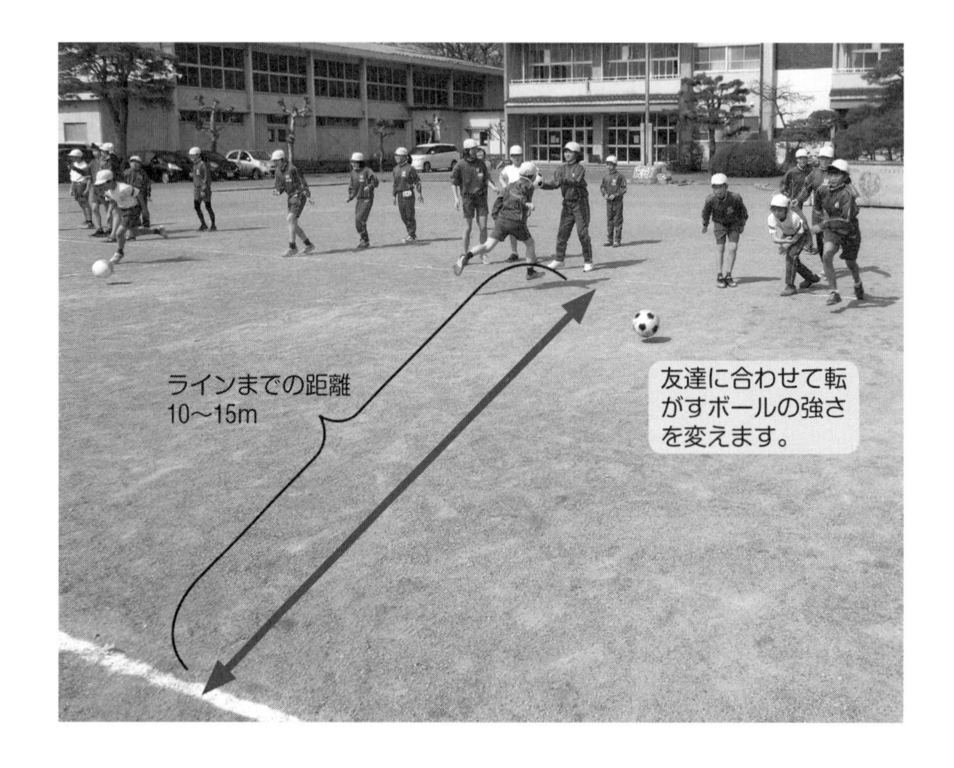

場所 校庭・運動場／体育館　人数 1人

巧みな動き　高学年

78 コーンタッチゲーム

ねらい　決められた範囲内で俊敏に動く感覚を身につけ，力を思い通りに調整して動く心地よさを味わう。

準備物 フープ，コーン，ボール

運動の手順

❶スタート位置にフープを，折り返し地点にコーンを置く。様々な距離のコースを設定する。
❷自分の好きなコースに分かれ，並んで待ちます。
❸先頭の子は，地面に向かってボールを投げた後，コーンに向かって走り出します。
＊片手や両手など，自分が次の行動に移りやすい投げ方を考えさせます。
❹コーンにタッチをし，スタート位置に戻って，ボールをキャッチします。
＊試技後は，再度同じ場で挑戦するか，場を変えるかを判断させ，後ろに並ばせます。
❺２番目以降も同じように繰り返します。
❻１回目の全体での活動時間は３分程度とし，ボールの投げ方や，コーンまでの移動の仕方について話し合ったり，練習したりする時間を設け，再度全体で活動を行うようにします。
＊練習は，コーンとボールを１～２人に１つずつ配り，１人で距離を変えながら行ったり，ペアでお互いの動きを見合ったり，アドバイスし合ったりすることができるようにします。

コーンとフープの距離を少しずつ変えたコースをいくつか用意します。

場所 校庭・運動場／体育館　人数 グループ

巧みな動き　高学年

79 どーっちだ

ねらい　予測できない状況下で俊敏に体を動かす感覚を身につけ，バランスをとって，思い通りに動く心地よさを味わう。

準備物 コーン（2色）

運動の手順

❶4～5人でグループをつくります。

❷色の異なるコーンを2つずつ並べて置きます。

❸グループごとに分かれてコーンから5～10m 離れた位置に並びます。

❹1走と2走は，スタート位置に2人で並んで待ちます。3走以降は，その後ろに並んで待ちます。

❺開始の合図とともに，1走はその場で回転しながら跳びます。2走は，1走が回転をしている間に，どちらかのコーンの色を大きな声で伝えます。

＊相手に伝わるように，はっきりと大きな声で話すように指示を出します。

❻1走は着地とともに，言われた色のコーンに向かって走り出し，タッチをしたらスタート位置に戻ってきます。

❼2～3回行ったら，コーンの色ではなく，「右」か「左」のかけ声で判断させるようにします。

❽早く全員が終わったグループの勝ちです。

場所 校庭・運動場／体育館　人数 ペア

巧みな動き　高学年

80 なんでもキャッチ

ねらい　ボールの動きに合わせて，ボールを捕る調整力を高める。

準備物 ボールやシャトル等の投げるもの，ミニコーンやラケット等の捕る道具

運動の手順

❶ペアをつくります。

❷好きな大きさのボールと，捕るための道具をペアごとに選びます。

❸ペア同士が向かい合って，投げる役と捕る役（受ける役）を決めます。

＊はじめの距離は１～２ｍとし，離れすぎないようにします。

❹投げる役の子は好きなタイミングでボールを投げ，捕る役の子は選んだ道具で落とさずにボールを捕ります。

＊投げる軌道は，直線的にならないようにすることだけを伝え，速さや高さはペアごとに自由に変えてよいことを確かめます。

❺投げる役と捕る役は，３回ごとに交代します。

❻ボールを落とさずに３回連続で捕ることができたら，逆の手で捕るようにします。

❼ペアの両方が両手とも３回連続で捕り終えることができたら，ボールや捕る道具，離れる距離を変えて行います。

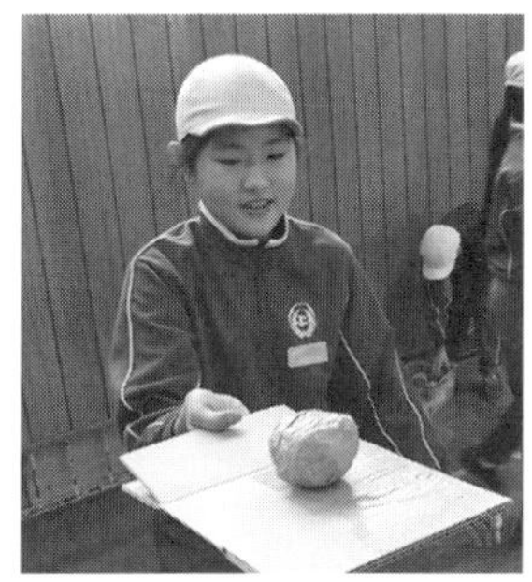

コーンの他にテニスやバドミントンなどのラケット，ハンドテニスの板等も使えます。
ボールの他にシャトルや新聞紙を丸めたもの等も使えます。

場所 校庭・運動場／体育館　人数 グループ

81 お助けしっぽ取りゲーム

持続性　低・中学年

ねらい　一定の時間，友達のしっぽを取るためにコート内を走り回ることで持久力を高める。

準備物　タグやハチマキ等のしっぽになるもの

運動の手順

❶２つのグループをつくります。
❷１人１本しっぽになるものを腰（背中側）につけます。
❸決められたコートの中で，しっぽ取りゲームを行います。
❹しっぽを取られた人は，コートのライン上に移動します。
❺しっぽを取った人は，ライン上にいる味方にしっぽを渡します。しっぽをもらった人は，再びコートに戻ることができます。
❻制限時間内（３分程度）に，コート内にいる人数またはライン上にいる人数で勝敗を決めます。

自分が取ったしっぽを渡して味方を助けます。しっぽをもらった人は，再びコートに戻ることができます。

相手の後ろに回り込んでしっぽを取ります。

場所 校庭・運動場／体育館　人数 グループ

82 持続性 低・中学年
オセロゲーム

ねらい　一定の時間，マットを返すためにコート内を走り回ることで持久力を高める。

準備物　フロアマット（裏表がわかりやすいもの）

運動の手順

❶２つのグループをつくり，前半と後半に分けます。
❷フロアマットを人数分程度置きます。
＊活動人数に合わせて，コートの広さとマットの枚数は調整します。
＊分け方はクラスの人数によって工夫してください。
❸はじめにそれぞれのグループの前半チームが対決します。１分間，１つのチームはマットを表に，もう１つのチームはマットを裏に返し続けていきます。後半チームは，どこのマットを返せばよいか声掛けをするとサポートの動きになり，友達とのかかわりが増えます。
❹１分間経過したら，後半チームが同じようにマットを返し始めます。
❺学級の実態に合わせて，何セットか行い，返したマットの数で勝敗を決めます。

自分のチームの色にフロアマットをひっくり返します。

コート内に裏表がわかるようなフロアマットを敷きます。勝ち負けがわかるようにマットは，奇数分用意します。

場所 校庭・運動場／体育館　人数 グループ

83 持続性 低・中学年 じゃんけんピラミッド

ねらい　一定の時間，体を大きく動かしたり，折り返し運動を続けたりすることで持久力を高める。

準備物 得点板

運動の手順

❶２つのグループをつくり，先攻と後攻を決めます。人数が多い場合は，２コートに分けます。
❷後攻グループは，ピラミッド状になるように４列に並びます。
❸先攻グループは，スタートの合図とともに一勢にスタートし，１列目の誰かと体じゃんけんを行います。
❹勝った場合は，次の列の子とじゃんけんを行います。負けた場合は，スタートラインまで戻って再び１列目の子とじゃんけんを行います。
❺最後列（王様）に勝ったら得点板をめくり，スタートラインに戻って再び１列目の子とじゃんけんを行います。
❻制限時間（３分程度）が経過したら，役割を交代してスタートします。最後まで勝った人数で勝敗を決めます。

後半チームはピラミッド状に４列で並びます。

体じゃんけんに勝ったら進みます。

場所 校庭・運動場／体育館　人数 全員

84 すりぬけゲーム

持続性　低・中学年

ねらい　一定の時間，友達をかわしながら折り返し運動を続けることで持久力を高める。

準備物 得点板，ライン

運動の手順

❶9～16人で2つのグループをつくり，先攻と後攻を決めます。
❷後攻グループは，同じ数ずつ3～5列に並びます。
＊1列の長さは，人数×4mで設定するといいです（3人の場合は12m）。
❸先攻グループは，スタートの合図とともに一勢にスタートし，1列目の人にタッチされないように前進します。
❹タッチされずに前進できたときは2列目に進みます。タッチされた場合は，スタートラインまで戻って再び1列目の人にタッチされないように前進します。
❺最後の列をタッチされずに前進できたら，得点板をめくり，スタートラインに戻って再びスタートします。
❻制限時間（3分程度）が経過したら，役割を交代してスタートします。最後までタッチされずに前進できた人数で勝敗を決めます。

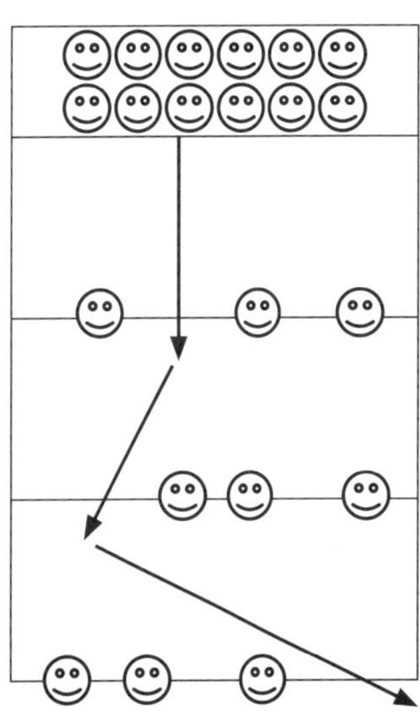

相手チームにタッチされないようにすり抜けます。

持続性 高学年

85 8844221111体操

ねらい　リズミカルな音楽に合わせて一定の時間続けて体操することで，動きを持続する能力を高める。

準備物　CDラジカセ，CD

運動の手順

❶手拍子やサイドステップなど簡単な動きをカウントに合わせて左右対称や上下対称になるように動きます。

❷８カウント（頭上で手拍子）→８カウント（足下で手拍子）
　リズム：上・上・上・上・上・上・上・上→下・下・下・下・下・下・下・下

❸４カウント（頭上で手拍子）→４カウント（足下で手拍子）
　リズム：上・上・上・上→下・下・下・下

❹２カウント（頭上で手拍子）→２カウント（足下で手拍子）
　リズム：上・上→下・下

❺１カウント（頭上で手拍子）→１カウント（足下で手拍子）
　リズム：上・下・上・下

❻❶～❺の運動をいくつか用意し，４分の４拍子の曲に合わせて１曲（４分程度）繰り返します。
　＊曲の速さは１分間に120拍から140拍の速さが丁度いいです。

❼教師が用意した運動に慣れてきたら，グループでアイデアを出し合いながら動きを考えます。
　＊おすすめの動きの流れ
　　手拍子上下(シンプルな動き)→サイドステップ(なぜか楽しい)→アキレス腱(一度休憩)
　　→オリジナルダンス（サビに合わせて）

頭上で手拍子

足下で手拍子

86 持続性 高学年 長縄連続８の字跳び

ねらい　用具操作および縄をくぐる感覚を身につけるとともに，一定の距離を全力で走る力を身につける。

準備物▶長縄，得点板

運動の手順

❶10人程度でグループをつくり，回し手は横一列で３か所に並びます。
❷跳び手は，８の字跳びの要領で３か所を順に跳んでいきます。
❸最後まで跳び終えたら元の場所へ駆け足で戻ります。
　＊戻る動線上にケンステップやラダー，ハードルなどを置いて負荷をかけてもよいでしょう。
❹跳び終わった子は得点版をめくり回数を記録します。
❺制限時間内（３分）で何点とれるか競い合います。

87 持続性 高学年 追い抜きパシュート走

走る速度を調節する感覚や動きを持続する能力を高める。

準備物▶なし

運動の手順

❶5～6人でグループをつくり，一列に並びます。
❷全員がペースを合わせられる心地よい速さでジョギングします。
❸最後尾の子が全員を追い抜いて先頭になります。
❹先頭の子が入れ替わったら，再び最後尾の人が全員を追い抜いて先頭になります。
　＊先頭の子が確実に入れ替わってから最後尾の子がスタートするよう伝えます。
❺制限時間内（5分）で何回入れ替わることができるか競います。

全員がペースを合わせながら，心地よい速さで走り続けます。

場所 校庭・運動場／体育館　人数 ペア

持続性　高学年

88 追いつけ！サークル馬跳び

ねらい　ペアで協力してサークル馬跳びを行い，動きを持続する能力を高める。

準備物 ▶ なし

運動の手順

❶ペアをつくり，半径２ｍ程度の円周上に２つのペアが向き合います。
❷馬と跳び手が交互に馬跳びをしながら円周上を進みます。
❸相手ペアの馬になっている人にタッチしたら勝ちとします。
＊タッチするときには，バランスを崩してケガをさせないように優しくタッチさせます。
❹回る方向を反対にして再度チャレンジします。

円周上を馬跳びをしながら進みます。

前のペアを追いかけるように馬跳びをして追いついたらタッチします。

場所 体育館　人数 1人／グループ

89 輪踏みでポン！からミニハードル

総合的な体力向上　低学年

ねらい

様々なステップが求められる輪踏みやミニハードルを跳び，総合的な体力向上を図る。

準備物▶ケンステップ，ミニハードル，マット

運動の手順

❶下図のようにケンステップを並べます。

＊赤と黄色の前は，ケンステップが奇数個や偶数個に偏らないようにします。

＊最後は，3歩（又は4～5歩）から赤（又は黄色）のケンステップを少し遠めに置きます。

＊安全面を考慮し，最後の赤（又は黄色）はマットの上に置きます。

❷赤と黄色は両足同時に，それ以外のケンステップは一歩ずつリズミカルに輪踏みをします。

❸輪踏みの最後は，片足踏切から軽くポンと跳んで両足着地ができるようにします。

❹壁にタッチしたら，折り返しはミニハードルをリズミカルに跳び，次の人にタッチします。

❺はじめは，輪踏みが正確にできるよう，速さは求めないで各自に練習させます。

❻上手にできるようになったら，5～6人でグループをつくり，リレーをして楽しみます。

❼リレーの際，ケンステップを乱してしまったら，その子が戻りケンステップを直してからリレーを続けます。全員が早くゴールしたグループから順位が決まります。

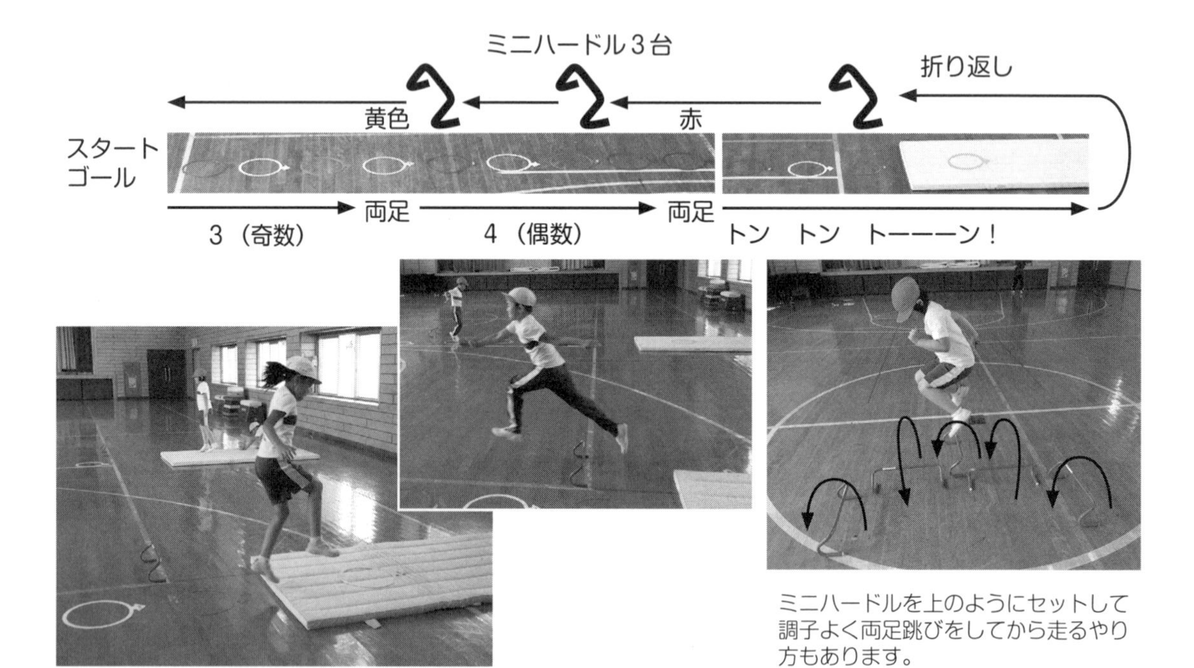

ミニハードルを上のようにセットして調子よく両足跳びをしてから走るやり方もあります。

90 総合的な体力向上 低学年 サークルリレー

手足走りや様々な動きを入れたサークルリレーを行い，総合的な体力向上を図る。

準備物▶リングバトン，コーン

運動の手順

❶下図のように体育館に大きな円をつくり（テープを貼るとわかりやすいです），円周上の４か所と中心にコーンを置きます。

❷５～10人でグループをつくり，円周上のコーンのところへグループごとに整列します。

＊人数がたりない場合は，誰かが２回走ることになりますが，同じ子どもがならないようにローテーションを決めておきます。

❸それぞれのコーンから，はじめは手足走りで左回りに１周して次の人にタッチするリレーを行います。

＊追い越す場合は，外側から追い越すことにします。

❹２周目は，リングバトンを使ったリレーを行います。

❺アンカーは，１周して自分のグループのコーンを回り，中央のコーンにリングバトンを入れます。

❻リングバトンを早く入れたグループから順位が決まります。

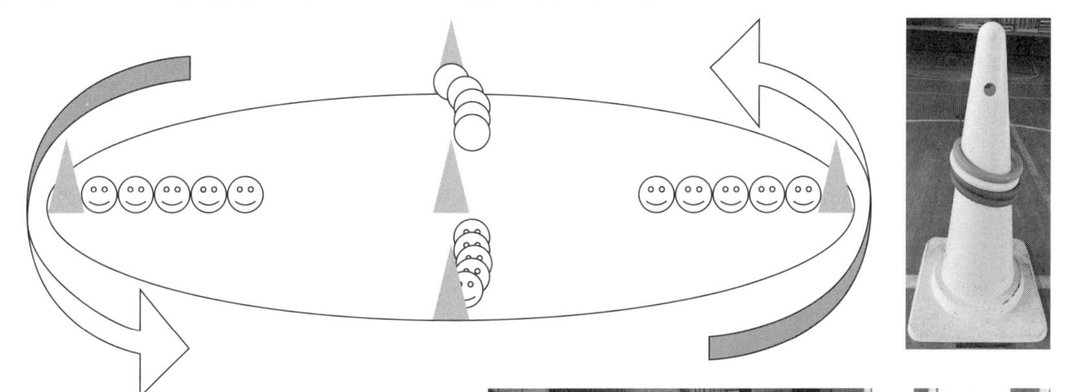

１/４周ずつ，右足ケンケン，左足ケンケン，両足跳び，スキップなどのようにコーンの場所で動きを変えて２回戦，３回戦…と楽しむことができます。

場所 体育館　 人数 グループ

91 総合的な体力向上 低学年
Help！①

ねらい　様々な折り返しの運動を行い，総合的な体力向上を図るとともに，チームワークを高める。

準備物▶なし

運動の手順

❶5～7人でグループをつくり，じゃんけんマンを1人決めます。
❷じゃんけんマンは自分のグループ以外と向き合って待機します。
❸スタートの合図で，各グループの先頭がスタートし，片足ケンケンでじゃんけんマンのところまで行き，じゃんけんをします。
　＊片足ケンケンの他に両足跳びや手足走り，うさぎ跳びなどの様々な運動に変えて2回戦，3回戦…と行うことができます。
❹じゃんけんに勝ったら，すぐに走って折り返し，2番の子とタッチします。
❺じゃんけんに負けたら，「助けて～！」と大きな声で仲間を呼びます。スタートラインにいる仲間は，全員が手をつないで助けに行き，負けた仲間と手をつないで戻ってきます。スタートラインまで戻ったら，2番の子が片足ケンケンでスタートします。
❻早く全員がゴールしたグループから順位が決まります。

片足ケンケンでスタートします。

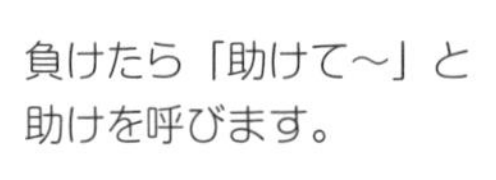
負けたら「助けて～」と助けを呼びます。

全員で手をつないで助けに行き，手をつないで戻ります。

スタート・ゴール		じゃんけんマン	
○○○○	A	E	○
○○○○	B	A	○
○○○○	C	B	○
○○○○	D	C	○
○○○○	E	D	○

場所 体育館　人数 グループ

総合的な体力向上　低学年

92 Help！②

様々な折り返しの運動を行い，総合的な体力向上を図るとともに，チームワークを高める。

準備物 マット，平均台，ケンステップ

運動の手順

❶5～7人でグループをつくり，じゃんけんマンを1人決めます。
❷じゃんけんマンは自分のグループ以外と向き合って待機します。
❸スタートの合図で，各グループの先頭がスタートし，手足走り→マットで前転→平均台渡り→ケンパーをしてじゃんけんマンのところまで行き，じゃんけんをします。
　＊クモ歩きや輪踏み，ミニハードルなどの様々な運動に変えることができます。
❹じゃんけんに勝ったら，すぐに走って折り返して2番の子とタッチし，最後尾に並びます。
　＊負けたじゃんけんマンは，カエル足打ちを3回行い，次のじゃんけんに備えます。
❺じゃんけんに負けたら，「助けて～！」と大きな声で仲間を呼びます。スタートラインにいる仲間は，全員が円形に手をつないで助けに行き，負けた仲間を円の中に入れて戻ってきます。スタートラインまで戻ったら，2番の子が手足走りでスタートします。
❻早く全員がゴールしたグループから順位が決まります。

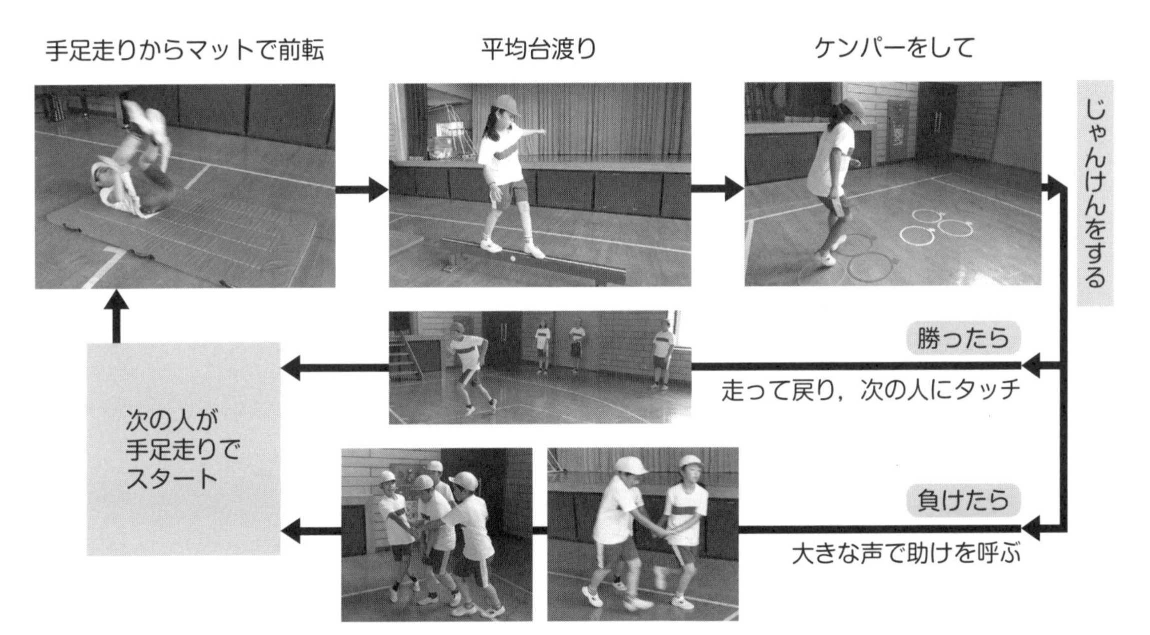

場所 体育館　人数 全員

93 ジャンケン・ザ・ワールド－じゃんけん双六①－

総合的な体力向上　中学年

ねらい いろいろな動きを組み合わせて行い，楽しく体の基本的な動きができるようにする。

準備物 ▶ コーン

運動の手順

❶15m 四方の四隅と中央にコーンを置き四隅のコーンに均等に分かれて並びます。

❷同じコーンにいる子同士でじゃんけんをします。勝ったら区間ごとに指定された動きをしながら次のコーンに向かいます。負けたら手足走りをしながら中央のコーンに行って元のコーンに戻り，他の人とじゃんけんをします。

＊区間ごとの動きは，両足跳び，ケンケン，スキップ，ギャロップなど。

❸制限時間内（３～４分）で３周したら「上がり」となり，じゃんけんマンとなります。

＊じゃんけんマンは，コーンの横に立って友達とじゃんけんをする役です。

＊課題に応じて，コーン間の移動の仕方を変えたりポイント制にしたりするなど，いろいろな工夫ができます。

場所 体育館

人数 全員

94 じゃんけん進化論－じゃんけん双六②－

総合的な体力向上 中学年

ねらい いろいろな運動を組み合わせて行い，体の基本的な動きができるようにする。

準備物 コーン

運動の手順

❶10m四方の四隅と中央にコーンを置き，四隅のコーンに均等に分かれて並びます。

❷同じコーンにいる子同士でじゃんけんをします。勝ったら区間ごとに指定された動きをしながら次のコーンに向かい，進化していきます。負けたらうさぎ跳びをしながら中央のコーンに行って元のコーンに戻り，他の人とじゃんけんをします。

＊進化の順は，アメーバ(這う)→アザラシ→犬→人間(ケンケン）など。

＊進化している途中でじゃんけんに負けたら，前の段階に戻ります。

❸制限時間内（3～4分）で2回人間まで進化したら「神様」となり，じゃんけんマンをします。

＊じゃんけんマンは，コーンの横に立ち友達とじゃんけんをする役です。

＊進化の動きや負けたときの動きをいろいろと工夫することができます。

場所 体育館　人数 ペア

95 総合的な体力向上　中学年
息を合わせて－じゃんけん双六③－

ねらい

ペアでいろいろな運動を組み合わせて行い，体の基本的な動きができるようにする。

準備物 ▶ コーン

運動の手順

❶10m 四方の四隅にコーンを置きます。ペアをつくり，各コーンに分かれてペアごとに並びます。

❷同じコーンにいるペア同士（代表１人）でじゃんけんをします。勝ったペアは区間ごとに指定された動きをしながら次のコーンに向かいます。負けたペアは両手つなぎギャロップをしながら中央のコーンまで行って元のコーンに戻り，他の人とじゃんけんをします。

＊区間ごとの動きは，連結ジャンプ，ムカデ歩き，連結スキップ，手押し車など。

＊手押し車は，区間の半分まで進んだら交代をします。

❸制限時間内（３～４分）で２周したら「上がり」となり，じゃんけんマンになります。

＊じゃんけんマンは，コーンの横に立って友達とじゃんけんをする役です。

＊人数が少ないクラスは，先生もじゃんけんマンになって進めるとよいです。

連結ジャンプ

手押し車

ムカデ歩き

ペアで行う運動なので「イチ・ニ」とかけ声をかけながら息を合わせて行うのがポイントです。

場所 体育館　人数 グループ

96 総合的な体力向上 中学年
陣取りじゃんけん双六 ―じゃんけん双六④―

ねらい

いろいろな運動を組み合わせて行い，体の基本的な動きができるようにする。

準備物▶コーン，紅白帽子，フープ

運動の手順

❶15m 四方の四隅にはコーンを，中央にはフープを１つ置きます。

❷２つのグループに分け，帽子の色を変えます。同数ずつ各コーンに分かれて並びます。

❸同じコーンにいる子同士でじゃんけんをします。勝ったら区間ごとに指定された動きをしながら次のコーンに向かいます。負けたらうさぎ跳びをしながら中央のコーンまで行って元のコーンに戻り，他の人とじゃんけんをします。

＊区間ごとの動きは，両足跳び，ケンケン，スキップ，ギャロップなど。

❹制限時間内（３～４分）で２周したら「上がり」となり，じゃんけんマンとなります。

＊じゃんけんマンは，コーンの横に立って友達とじゃんけんをする役です。

＊じゃんけんに３回続けて負けたら，中央のフラフープに自分の帽子を置いてきます。

＊１ゲームは３分程度とします。帽子がなくなった子もゲームは続けてよいです。

＊最初に上がった子は，帽子をコーンに載せて陣を取ることができます。

＊陣をとった子を３点，帽子のある子を１点として，合計点で勝敗を決めます。

３回続けて負けたら帽子を置きます。

両足跳び

じゃんけんに勝ったら，区間ごとに指定された運動を行います。

勝ち負けも気になりますが，それぞれの運動をしっかり行うことが大切です。

場所 校庭・運動場／体育館　人数 グループ

97 総合的な体力向上 高学年 これして，あれしてリレー

ねらい　いくつかの運動を組み合わせ，チームでリレーをしながら総合的に体力の向上を図る。

準備物 コーン，ボール

運動の手順

❶３～５人でグループをつくり，グループごとにスタート地点に並びます。

❷スタートの合図で，１走が１つ目の運動（ケンケン）で進みます。

❸指定された場所に着いたら，２つ目（足でボールをドリブル）の運動に変え，折り返してきます。

＊折り返し地点は自分で選びます。

＊２種類の距離を設け，近い方なら１点，遠い方なら２点とします。

❹指定された場所に戻ってきたら，１つ目の運動（ケンケン）に変えます。

❺２走にタッチしてリレーを行います。

＊タッチのときに，全員で「○点」と得点を加算しながら現在の得点を元気よく言います。

❻制限時間内（５分程度）でリレーを繰り返し，何点とれるか競い合います。

＊つけたい力に合わせて，いろいろな種目を組み込んで運動することができます。

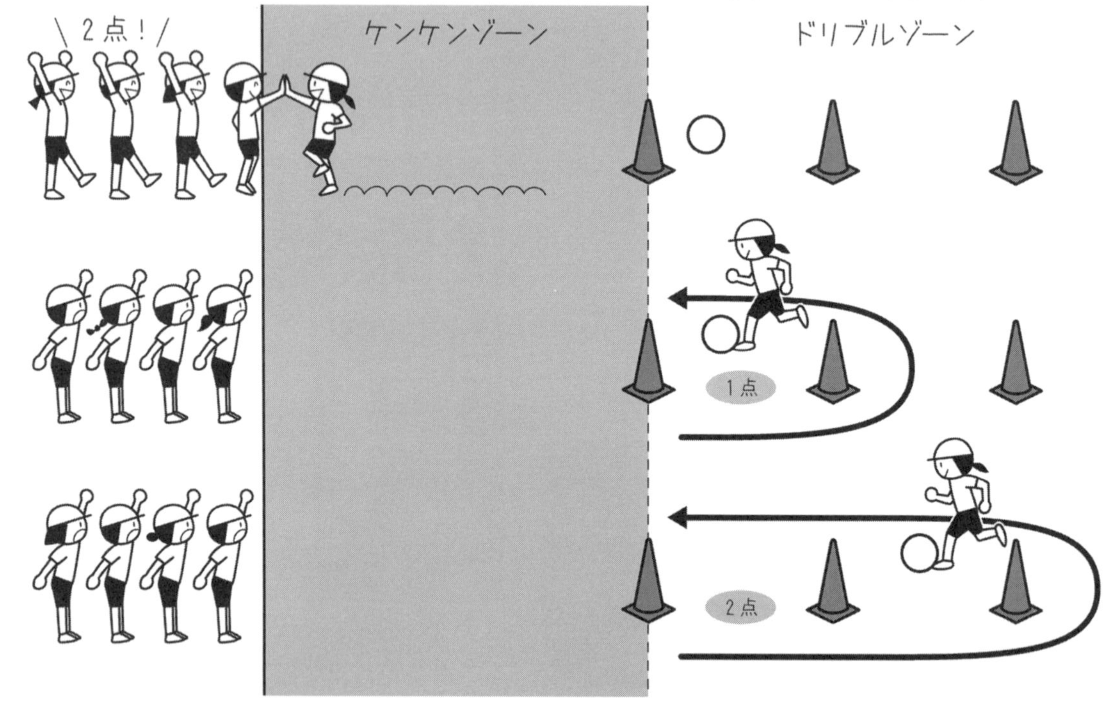

体育館

グループ

総合的な体力向上　高学年

98 変形おいかけっこ

ねらい いくつかの運動を組み合わせ，様々なおいかけっこをして総合的に体力の向上を図る。

準備物 ▶ 得点板

運動の手順

❶２つのグループに分け，追いかける役と，逃げる役を決めます。
❷両グループとも，種目によって分けられたＡ・Ｂ・Ｃの３つのボックスにバランスよく入ります。
　＊変形の順番は，アザラシ→しゃがみ歩き→ケンケンなど。
　＊次にやるときには，ローテーションします。
❸スタートの合図で，一斉に同じボックス内で「おいかけっこ」を始めます。
❹相手グループの人をタッチできたら次のボックスに移り，そのボックスの動きをします。
❺同じようにボックス内で「おいかけっこ」を続けます。
❻Ｃのボックスでタッチができたら得点を入れ，Ａのボックスに移動して「おいかけっこ」を続けます。Ａのボックスには，どこから入ってもよいこととします。
❼時間になったら，追いかける役と，逃げる役を交代して行います。
❽制限時間内（３分程度）で何点とれるか競い合います。
　＊つけたい力に合わせて，いろいろな種目を組み込んで運動することができます。

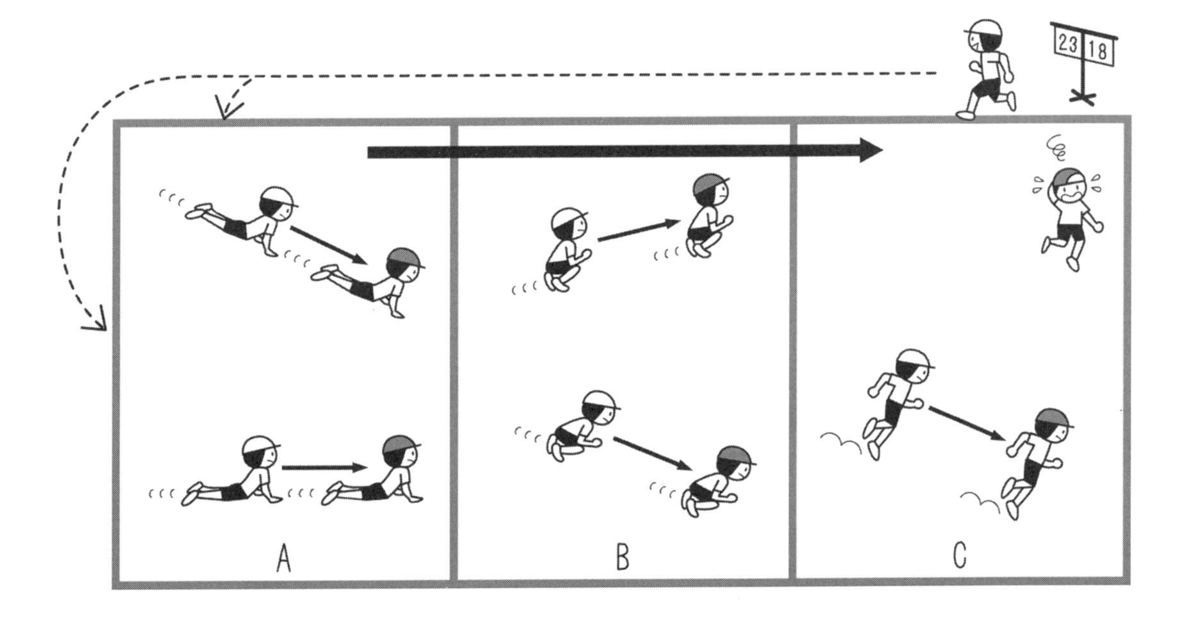

体育館

グループ

99 総合的な体力向上 高学年 いざ勝負！

いくつかの運動を組み合わせ，相手グループと勝負しながら総合的に体力の向上を図る。

準備物 平均台，得点板，雑巾，コーン

運動の手順

❶Ａ・Ｂ2つのグループに分け，各スタート位置に並びます。

❷スタートの合図で，次々に「平均台」を渡ります。

❸その後は指定された運動を行い，最後は「ドンじゃんけん」を行います。

＊運動の流れは，平均台→雑巾がけ→ケンケン右→ケンケン左→ドンじゃんけんなど。

＊ドンじゃんけんの場を増やすことで待ち時間を減らすことができます。

＊平均台から落ちたり，ドンじゃんけんで負けたりしたら，「平均台」からやり直します。

❸「ドンじゃけん」で勝ったら得点となります。

❹得点を取ったら１点を入れ，再び「平均台」からスタートします。

❺制限時間内（５分程度）に，グループで何点とれるか競います。

＊つけたい力に合わせて，いろいろな種目を組み込んで勝負ができます。

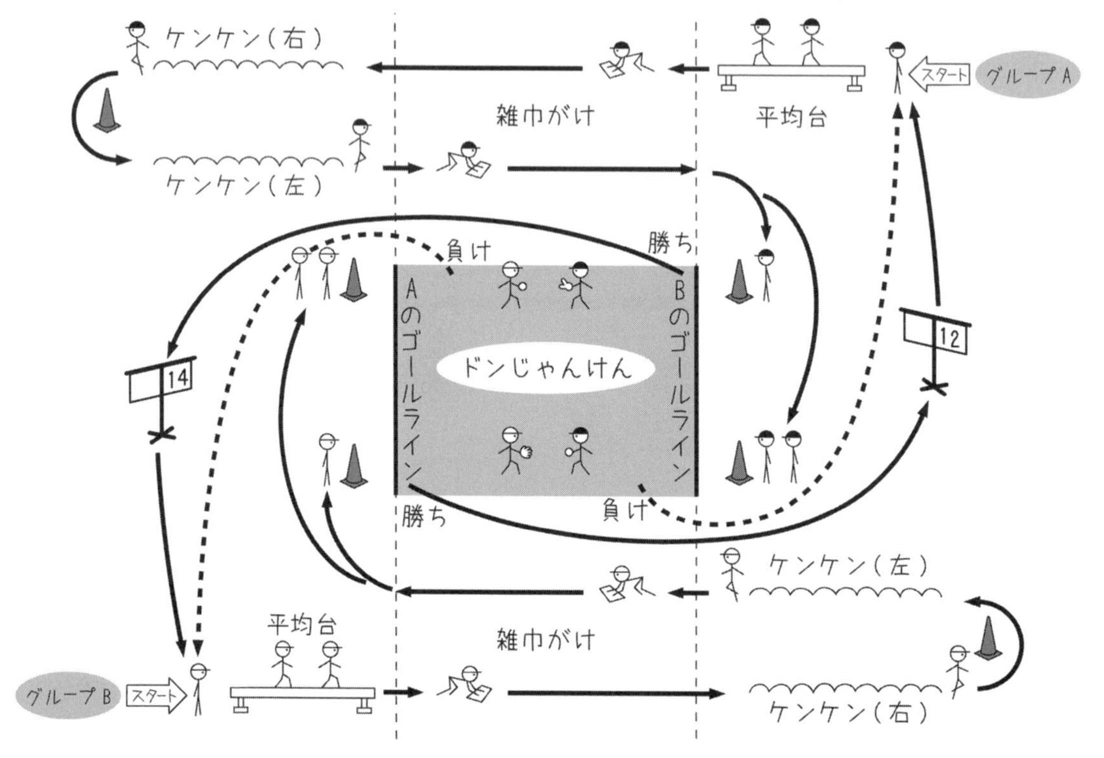

場所 校庭・運動場　人数 ペア

100 目指せハイスコア

総合的な体力向上　高学年

ねらい　投運動を中心に，落下地点を予想して走って移動することで総合的に体力の向上を図る。

準備物　玉入れの玉，ブルーシート

運動の手順

❶校庭・運動場のバックネットやサッカーゴール，雲梯，号令台等にブルーシートをつけて5か所程度の的を作り，1→2→3→4→5→1→…と循環するコースを決めます。

❷ペアをつくり，投げる順番とスタート地点を決め，スタート地点に移動します。

＊スタート地点は，1か所にまとまらないようできるだけ均等に分かれるようにします。

❸自分たちで決めたスタート地点から玉入れの玉を交互に投げて，順番にコースを回ります。

❹投げた回数を数えながら，ブルーシートの的に玉を当てたら，次のコースに進みます。

❺できるだけ少ない数ですべての的に玉を当て，スタート地点に戻ったらゴールとなります。

❻一番少ない数でゴールしたペアや前回と比較してスコアを伸ばしたペアを紹介します。

＊同じ回数のときは，先に終了したペアが勝ちとなります。このルールにより，移動スピードが上がります。

＊サッカーボールを蹴ったり，狭いスペースでシャトルを使ったりすることもできます。

校庭をいっぱいに使って，力いっぱい玉を投げて走る！

落下地点を予想して，ダッシュ！

優勝は，・・・

📖 参考文献 📖

01　文部科学省『小学校学習指導要領（平成29年告示）解説体育編』
02　文部科学省『学校体育実技指導資料第７集「体つくり運動」（改訂版）』
03　文部科学省『多様な動きをつくる運動（遊び）パンフレット』
04　文部科学省『小学校体育（運動領域）まるわかりハンドブック（低学年）』
05　文部科学省『小学校体育（運動領域）まるわかりハンドブック（中学年）』
06　文部科学省『小学校体育（運動領域）まるわかりハンドブック（高学年）』
07　文部科学省『小学校低学年体育（運動領域）デジタル教材』
08　文部科学省『小学校中学年体育（運動領域）デジタル教材』
09　文部科学省『小学校高学年体育（運動領域）デジタル教材』
10　高橋健夫他編著『体育科教育別冊　新しい体つくり運動の授業づくり』大修館書店
11　高橋健夫他編著『体育科教育別冊　体ほぐしの運動』大修館書店
12　杉山重利他編著『楽しくできる授業「体ほぐし」の運動』小学館
13　体育授業実践の会編『10分でわかる！体育授業のコツ 小学校低学年』学事出版
14　体育授業実践の会編『10分でわかる！体育授業のコツ 小学校中学年』学事出版
15　体育授業実践の会編『10分でわかる！体育授業のコツ 小学校高学年』学事出版
16　岩手県教育委員会『運動大好き岩手っ子育成　小学校体育科運動領域指導資料ハンドブック』（青本）
17　岩手県教育委員会『岩手っ子体力アップ運動　小学校体育科指導資料ハンドブック』（黄色本）

【執筆者一覧】＊五十音順

岩間　勝範　岩手県北上市立笠松小学校
小野寺洋平　岩手県宮古市立鍬ヶ崎小学校
小山　哲朗　岩手県盛岡市立緑が丘小学校
後藤　孝一　岩手県西和賀町立湯田小学校
紺野　　昇　岩手県盛岡市立仁王小学校
神　　崇尋　岩手県宮古市立磯鶏小学校
菅原　純也　岩手大学教育学部附属小学校
菅原　智章　岩手県西和賀町立湯田小学校
長谷部雅彦　岩手県盛岡市立緑が丘小学校
朴田　香代　岩手県盛岡市立北厨川小学校
松村　　毅　岩手大学教育学部附属小学校
三浦　大栄　岩手県八幡平市立安代小学校
盛島　　寛　岩手県西和賀町立湯田小学校
八重樫泰規　岩手県盛岡市立緑が丘小学校
横田堅太郎　岩手県遠野市立綾織小学校
渡辺　清子　岩手大学教育学部附属小学校
渡邊　昌也　岩手県西和賀町立沢内小学校

【著者紹介】

岩手体育学習会（いわてたいいくがくしゅうかい）

代表＝盛島　寛（もりしま　ひろし）

平成元年８月，盛岡体育学習会が発足しました。以来，毎月１回の体育学習会を継続しています。そこで学んだ先生方が，人事異動により岩手県内各地に広がり，それぞれの地で学習会を立ち上げ，現在では盛岡，八幡平，花巻，遠野，北上，西和賀，奥州，一関，宮古，二戸の10地区で学習会が行われています。これらの学習会を総称して「岩手体育学習会」としています。広い県土ですので，日々の活動は各体育学習会が独立して行っています。ただし，毎年10月には「岩手体育学習会集会」を開催し，授業研究会及び実技講習会等を行っています。今年度で第９回目を迎える本集会は，「体育授業」が核になっています。私たちが目指しているのは，よい体育授業，子どもたちに確かな力がつく体育授業です。

〔本文イラスト〕木村　美穂

体育科授業サポートBOOKS

10分で運動能力を高める！体つくり運動ベスト100

2019年２月初版第１刷刊　©著　者　岩手体育学習会

2025年７月初版第８刷刊　発行者　藤　原　光　政

発行所　明治図書出版株式会社

http://www.meijitosho.co.jp

（企画）佐藤智恵・広川淳志（校正）川村千晶

〒114-0023　東京都北区滝野川7-46-1

振替00160-5-151318　電話03(5907)6703

ご注文窓口　電話03(5907)6668

＊検印省略　組版所　広　研　印　刷　株　式　会　社

Printed in Japan　ISBN978-4-18-060220-9